Intermediate Spanish Short Stories

10 Captivating Short Stories to Learn Spanish & Grow Your Vocabulary the Fun Way!

Intermediate Spanish Stories

By

Lingo Mastery

ISBN-13: 978-1721044610

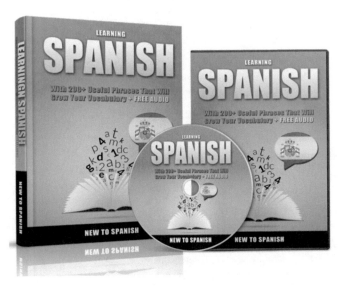

CONTENTS

INTRODUCTION

This book is a collection of 10 short reads, so they can be read separately or all at once. These short stories were written specially for Spanish language intermediate and advanced learners and it seeks to provide a comprehensive experience in the language and to expose students to a rich and practical vocabulary suitable for the Spanish skills of the learner.

There is also an audiobook for this book that we strongly encourage you to get so you can practice reading and listening at the same time. If you don't have an Audible account yet, you can actually get this book for free when you sign up ($25 value). Just go to **geni.us/SbiLqo** and folllow the instructions.

Learning a foreign language is always a challenge. However, it doesn't have to be as complicated as it may seem. Being constantly exposed to the language one aims to master is the best way to speed up the learning process. It's not just by listening to a language that you get to learn it. Reading has also been proven to be a very effective way to learn a foreign language as it helps the student to become familiar with the proper grammar use, the rhythms, forms and rules of the language and according to research, it exposes the pupil to more sentences per minute than the average movie or TV show.

One of the first things we must acquire when learning a new language is a voracious apetite for its reading materials. As challenging as it seems at first, it can soon become second nature, and its practical use will further motivate you to learn the language faster and better.

Do you as a teacher or as a student of the Spanish language identify yourself with this situation? If your answer is yes, then this book is for you. These stories were created with intermediate and advanced difficulties in mind and are aimed to provide good exposure to grammar and vocabulary while making it accessible in a grammatical and narrative way.

The stories are fluid, continuous and filled with a variety of helpful vocabulary combined with a grammatical richness. Additionally, at the end of each story, a learning support section will help you whenever you need it by providing you with English definitions of difficult words, a summary of the story and multiple-choice questions about important features of the story. This will allow you to follow all the details of each story and thus, to improve at a fast pace.

No matter what level you are at, this book will help you take a step forward in your Spanish and will keep you entertained and motivated to continue learning.

We took into consideration that you, as a reader, have a fair amount of Spanish language vocabulary, and we hope that you find this book genuinely entertaining for both academic and casual reading.

ABOUT THE STORIES

Motivation is essential when learning a foreign language. That's why finding reading materials that are not only good on a grammatical and vocabulary level but also interesting, engaging and informative is key for intermediate and even advanced students.

Besides this, achieving a sense of progress and accomplishment is necessary to maintain an active interest. This is the core principle upon which this book is based.

This compilation of stories that interlaced create a longer one gives you the possibility to read a full novel in Spanish without the exhaustion than an average book would give you. That is why this book has been separated in small sections, allowing you to have a sense of satisfaction and accomplishment at the end of each short story and at the same time to be excited to continue reading.

The stories include a variety of circumstances, mainly in the context of travelling abroad, studying, and personal relationships - topics that both young and mature readers will easily identify with and feel compelled to continue reading.

Through the book, you will find bolded words. These are the words we thought you might consider difficult or useful phrases you may find worth memorizing. The definition for each one of these words or phrases can be found in the vocabulary section. After the vocabulary section you will find a summary that provides a condensed version of the story in both English and Spanish. This is especially helpful in case you get lost as you read, as it allows you to go back and make sure you are not missing any important details. Finally, at the end of the learning support feature you will find a set of five multiple choice questions about the story you just read. Try to answer them without any help, and after doing so, check the answers provided at the end of the section.

It's important to note that a full translation of the stories is not included in this book. This has been done purposefully to remove the "easy option" as you might feel constantly inclined to rely on the English version to avoid the "struggle" needed to make a significant progress in your learning process.

TIPS TO IMPROVE YOUR READING

Reading is a complicated skill. Think of how you learned to read in your mother tongue. It took you years to master the language before you even started learning how to read, from the simplest words to the most complicated levels. So you build a complex set of micro skills that allows you to read different things at a different pace and with different levels of understanding.

However, research suggests that this doesn't happen when reading in a foreign language. You stop being able to use all those micro skills that help you understand a difficult text and you start focusing on understanding the meaning of every single word. That, for the intermediate level learner, tends to be exhausting and contributes to a rapid frustration at being unable to understand due to an elementary vocabulary. Advanced level learners are expected to have overcome this issue, but constant reading is necessary to keep yourself in shape.

The first tip is to avoid getting instantly overwhelmed by the unknown words. Try reading a full page, or even just a paragraph before stopping to look up the meaning of words. Not breaking the semantic flow of the story will eventually make it easier to get a general idea of it. It does not matter if you miss small details because your reading speed will increase and you will improve your fluency.

It is also important to commit yourself to a minimum page count per day. Remember, the more you read, the more you learn.

Keep coming back to the stories. You will be amazed by how much more of them you understand the second time.

Finally, write up any words, expressions or verb conjugations you don't understand and look them up. Try to learn the ones you consider important, get back to the reads again and surprise yourself at how much progress you have made.

Always keep in mind that the goal of reading is not to understand every single word in a story. The purpose of reading is to be able to enjoy the stories while you expose yourself to new expressions and to tell stories in Spanish. So, if you don't understand a word, try to guess it from the context or just continue reading.

Added Bonus: 5-Day Spanish Masterclass

This book will no doubt help grow your Spanish understanding.

But did you know there are "methods" that can help you learn Spanish up to 325% faster?

This "method" is absolutely something you must add to your arsenal and that's why we have created a **5-Day Spanish Masterclass** for you to take part in.

You'll learn:

- A proven method to help you learn up to 325% faster (according to researchers)
- How to understand Spanish speakers when they talk too fast
- Important vocabulary that could save your life (yes, save your life!)

And much more.

As you've bought this book, you've been granted free access to this masterclass.

Join the 5-Day Spanish Masterclass at:
LingoMastery.com/SpanishMasterclass

DE VIAJE POR LATINOAMÉRICA

Capítulo 1:

UN VIAJE SIN COMPLICACIONES

Me llamo Peter y soy de Estados Unidos, tengo 25 años y hace más de 4 que estudio español. Soy **estudiante** de Relaciones Internacionales en la universidad y antes de mi graduación y de comenzar a trabajar, decidí hacer mi sueño realidad: viajar por más de 6 meses por América Latina para perfeccionar mi español y descubrir la gran **variedad** de colores y culturas que **alberga** el sur del continente. Este es mi diario de **viaje**.

Mi familia vive en un pueblo pequeño en el **campo**, hay mucho **bosque**, árboles de frutas y animales por todos lados. Cuando era niño me gustaba mirar por la ventana e imaginarme que cruzaba todo el campo de maíz con mi bolso al hombro y **alcanzaba** el océano, tomaba un **barco** y llegaba a hermosos y lejanos lugares. Entonces mi madre me **gritaba**: "Ya Peter, ¡deja de **soñar** despierto!" y yo regresaba a mi **escritorio** a terminar mis tareas. En aquel tiempo, nunca imaginé que años después regresaría a ese mismo escritorio en el cuarto de mi **infancia** a planear un verdadero viaje que me llevaría a **atravesar** mares, desiertos y **selvas** y mi madre me diría: "Peter, tú nunca cambias".

Mi madre es **maestra** de escuela primaria, tiene una voz muy **dulce**, sonríe mucho y cocina muy bien; es una persona muy querida en nuestro pueblo. Tiene ojos grandes y azules, su cabello es color rojizo, **ondulado** y llega hasta sus hombros; siempre usa vestidos largos y **coloridos**. Mi padre es **granjero**, tiene un gran campo de maíz justo detrás de nuestra casa, además se hace cargo del **establo** en el que hay más de 20 vacas, algunas **gallinas** y cerdos. Es muy alto, de nariz grande y **rasgos** duros que contrastan con su carácter **cariñoso** y amigable. A mi padre le gusta mucho contar historias; cuando era niño no lograba dormirme sin antes escuchar uno de sus cuentos. A mis padres les **encanta** la vida en el campo, los animales, el aire puro, las plantas y las flores. Nuestro **patio** está lleno de **girasoles**, **hortensias**, **narcisos** y **lirios**, muy hermosos y de todos los colores.

Al inicio del verano, decidí venir a casa de mis padres para planear mi **grandioso** viaje. El viaje de 6 horas en tren desde mi universidad al campo fue el inicio de mi gran aventura. Al llegar a casa mi madre tenía preparado un gran **banquete**; como cada vez que la visitaba. Había **pescado** del río junto a la casa, **carne** preparada por mi padre, **puré de papas** del **huerto**, una gran ensalada fresca, maíz cocido con mantequilla, pan fresco y por supuesto, un gran pastel de manzana recién horneado. Cuando nos sentamos en la mesa, mi madre me miró e inmediatamente dijo:

"Peter, tú tienes algo que **contarnos**, ¿verdad?"

"Como siempre, mamá, tu sabes leer mi **mente**".

"Dinos, ¿De qué se trata, hijo?"

"¡**Adivinen**!"

"¿Regresas a vivir a casa? No, no. ¿Ya tienes un **trabajo**? No, no. ¡Ya! ¡Al fin conseguiste **novia**!"

"¡Mamá! Nada de eso, esta vez no estuviste nada cerca de adivinar... ¡me voy de viaje por América Latina!"

"Pero ¿cuándo?,¿cuánto tiempo?,¿con quién?,¿A qué **lugares**?"

"Espera, espera, no tan rápido que ya **olvidé** las primeras preguntas. Vamos una por una".

"¿Cuándo vas a viajar?"

"Me voy en una semana. Estaré aquí en casa **planeando** todo y viajaré directamente del aeropuerto de la ciudad".

"¿Con quién viajas?"

"Pues yo sólo, pero estoy **seguro** de que haré muchos amigos en el camino".

"Y, ¿qué ciudades o países vas a visitar?"

"Bueno, eso está por **definirse**, quiero viajar con mucha **libertad** y **elegir** algunas de las ciudades cuando ya esté en camino, pero planeo visitar México, América Central, el Caribe, Colombia, Ecuador, Perú, Bolivia, Chile, Argentina y Brasil, y bueno, quién sabe si después se me **ocurra** ir a algún otro lugar. Además de visitarlos, para eso estoy aquí, tengo un **montón** de guías de viaje aún por leer".

Mi madre se quedó en **silencio** por unos segundos y después sonrió y dijo: "¡Vaya! Siempre supe que tenías un corazón **aventurero**".

Mi padre se levantó de su silla, me abrazó y dijo: "Por fin podrás crear tus propias historias".

Me sentí **contento** y **emocionado** de **compartir** la alegría de mi próximo viaje con mis padres. Entonces mi comida de bienvenida a casa se convirtió en un **festejo**. Llené mi plato con todo lo que había en la mesa, comí un gran filete de carne, más de 3 tomates, un filete de pescado entero, llené mi plato con puré y aún así tuve espacio para una enorme **rebanada** de pastel de manzana. Finalmente, mi padre sacó una botella de vino de la **alacena** y las mejores copas de la **vajilla** de mamá y **brindamos** los tres por las aventuras que me esperarían en los meses siguientes.

Mientras **platicábamos** y sonreíamos, llegó Fido, el perrito de mis padres, saltando y moviendo la cola. Parecía que él también festejaba. Pero Fido -¡Donde habías estado!- al parecer había pasado el día entero corriendo por el campo junto a las vacas y estaba **cubierto** de tierra.

Fido es un labrador de color café claro, es un poco gordo pero **atlético,** lo tenemos desde que era un **cachorro** y siempre ha sido muy **travieso**. Ahora parecía un perrito **callejero** con su cola y sus patitas llenas de **lodo**, los cabellos duros y **terrosos**. ¡Fido, ahora sí, te toca un baño!

A la mañana siguiente, después de una noche de mucha comida y celebración, fue complicado levantarme de la cama. Tenía **dolor de cabeza** y mi estómago hacía **ruidos** extraños. Pero era hora de comenzar mi gran plan. Fui a la cocina para tomar un vaso de agua y me encontré con que mi madre ya había salido a trabajar, pero había dejado una **sorpresa** para mí en la mesa. Se trataba de un enorme plato con huevos fritos, tocino, pan tostado, un gran vaso de jugo de naranja y otro con agua y **pastillas** para el dolor de cabeza. Al lado había una nota que decía "Para mi pequeño gran viajero, no más brindis y más trabajo. Es hora de planear tu gran viaje". No cabe duda, mi madre es un verdadero ángel.

Tomé mi **delicioso** desayuno y los **ánimos** regresaron a mi cuerpo. Entonces tomé los más de diez libros de viaje que **cargaba** en mi **mochila** y me puse **manos a la obra**.

Ordené los libros en el escritorio de mi cuarto. Parecía increíble realizar mi gran plan en la misma habitación en la que soñé tantas veces cruzar el mar. Me **detuve** a observar por un minuto.

Mi cuarto de la infancia tiene una cama pequeña sobre la cual **cuelgan** todavía muchos recuerdos de mi niñez, **afiches** de mi películas favoritas: Indiana Jones, Jumanji y por supuesto Jurassic

Park, mis preferidas para sentirme todo un aventurero. Justo al lado de la cama hay un **buró** con todas mis fotografías y **trofeos**. Está la foto del **campamento de verano** junto al **lago** con mis **primos**, la de mi graduación de la escuela secundaria, la del **torneo** de béisbol en la que ganamos 10 a 2 al equipo del pueblo **vecino** y por supuesto la de mi primer gran **concierto** con la **banda escolar**. Al lado, el trofeo del torneo de béisbol, mi medalla del torneo de ajedrez y mis estrellas de **niño explorador.**

¡Increíble! Mi infancia entera **cabe** en un sólo buró, pero en el escritorio junto a la enorme ventana, mi parte favorita del cuarto, están los libros en los que se dibuja mi futuro.

Desde la ventana se ve el campo de maíz, y justo al lado de ella está un enorme **mapa del mundo** que tengo desde los 12 años y que coloreé yo mismo. En el océano Pacífico dibujé una **ballena azul** y un **calamar** gigante que viaja desde Alaska hasta las costas de Chile, en el Caribe un barco pirata que **zarpa** desde Cuba hasta España cargando **oro** y otros **tesoros**. En el continente Americano dibujé muchas **carreteras**, todas saliendo desde mi pueblo y llegando hasta el polo norte y hasta la Patagonia Argentina, dibujé una enorme selva que me dijeron estaba en el **estómago** de América del Sur y muchos **pájaros** volando. ¡Espero verlos pronto!

Entonces, mientras mi mente **fantaseaba** con los **caminos** que estaba por recorrer, sonó el teléfono.

"Bueno, ¿con quién desea hablar?" pregunté.

"¿Está ahí Peter **Pecas**?" respondió una chica cuya voz no reconocí.

"Número equivocado, supongo..."

"¡No! Tonto, soy yo Chloe, ¿qué no **reconoces** mi voz?"

"Pero claro, ¡quién más me llamaría Peter Pecas!"

"Imagino que ya estás en casa, ¿Puedo pasar a verte?"

"Pero claro, aquí te espero".

Chloe y yo nos conocimos cuando los dos teníamos 5 años en la **escuela maternal**. Yo no lo recuerdo muy bien, pero ella cuenta que después de que mi madre me dejó en la puerta yo lloraba tanto que los demás niños de la clase se asustaron, entonces ella me regaló una **paleta** de **fresa** que tenía guardada en su mochila para la hora del almuerzo y **como por arte de magia** dejé de llorar para comer el delicioso dulce. Yo no sé si la historia es totalmente real, pero ella la cuenta todo el tiempo. Desde entonces siempre compartimos desde los dulces para el almuerzo hasta los campamentos de verano y las clases de música.

Mi amiga Chloe tiene los ojos negros, cabello corto y rizado, es delgada y mide 1.60, habla todo el tiempo y le gusta mucho cantar. Ella no fue a la universidad como yo, su madre tiene una **pastelería** en el pueblo de la que ella se hace cargo ahora. Es, después de mi madre, la mejor cocinera que conozco.

Como siempre Chloe llegó en su bicicleta roja, en la que anda a todos lados, entró corriendo a mi cuarto y me dió un gran **abrazo**. Traía bajo el brazo una bolsa de papel.

"Pero ¿qué tienes ahí?" pregunté.

"¡Qué más que tu **pastel** favorito!"

Rápidamente **desenvolvió** el papel y sacó un pequeño pastel de limón con **crema batida**. Hicimos los libros a un lado y lo comimos en ese mismo instante.

"**Estómago lleno corazón contento**" exclamé.

"Eres demasiado básico para ser un casi graduado universitario," respondió Chloe riendo. "Entonces ¿listo para contarme tu gran plan?" preguntó emocionada.

"Más que contarte ¡me ayudarás a hacerlo!" le respondí mostrando la **pila** de libros que tenía junto a mi computadora y bajo el mapa de múltiples colores.

"Pero ¡por supuesto! Tu sólo dime: ¿por dónde empezamos?"

"¿Qué **sugieres**?" le pregunté.

"Pues, comencemos por dar un paseo para **despejar** la mente".

"Pero claro, cómo no se me ocurrió," respondí sarcásticamente.

Accedí, aunque estaba un poco preocupado por dejar mis libros abandonados sobre la mesa, pero sabía que paseando con Chloe siempre pasaban cosas emocionantes y me podría **inspirar**. Tomé mi bicicleta y salimos juntos por el camino junto al campo de maíz que llevaba al centro del pueblo. Hacía buen clima, el cielo estaba completamente despejado y el sol **brillaba** con fuerza. A lo lejos vimos el río, y muchos árboles grandes que creaban un hermoso **paisaje**. Bajamos una **colina** a toda velocidad y gritando como cuando éramos niños. Cuando entramos al pueblo me encontré muchas cosas distintas, **tiendas** nuevas y restaurantes. Wow y hacía sólo un año que no visitaba el pueblo. **Repentinamente**, Chloe se detuvo frente a un **edificio** que yo no conocía.

"¡Es el **destino**!" gritó.

"¿Qué?" pregunté **desconcertado**. "No entiendo de qué hablas Chloe".

"Mira, acaban de abrir una nueva tienda de **artículos** de viaje en el pueblo, así es como te ayudaré a planear tu viaje, te ayudaré a elegir todo lo que necesitas, porque seguro no tienes nada listo ¿verdad?"

Y Chloe tenía razón, además de los libros de viaje y mis sueños y fantasías, no tenía nada aún preparado para mi gran aventura. Así que era el momento perfecto para comenzar.

"Hagamos una lista mental de lo que necesitas para tu viaje, ¿estás de acuerdo?"

"¡Claro! Bueno, necesito una **maleta** o una mochila, unas **botas** por si es necesario caminar y unas **sandalias** para cuando esté en la playa, un **traje de baño**, pero también una **chamarra** para cuando esté en la montaña, una **toalla,** una **bolsa de dormir,** una **navaja suiza** también me podría ser de utilidad…"

"Wow, sí que necesitas muchas cosas, entonces ¡manos a la obra!"

Salimos de la tienda con una bolsa repleta de cosas, me sentía listo para la playa, la montaña, el desierto, todo lo que se atravesara en mi camino. Entonces Chloe me dijo:

"¡Tengo un plan! **Te gusta** la aventura ¿verdad?"

"Claro, lo sabes," le respondí.

"Entonces que tu viaje sea un viaje de **aventura**, no leas los libros, descubre los lugares así nada más, caminando por las calles, hablando con la gente, como aquí en el pueblo".

La idea de Chloe me dejó pensando, nos despedimos frente a su pastelería y me dió una rebanada de otro de mis pasteles favoritos. Regresé a casa **cansado** pero contento, comí el pastel mirando por la ventana y pensando en el mar que estaba tan lejos de casa y decidí que haría lo que ella dijo. Estaba listo para una aventura, y dispuesto a vivirla.

Anexo del Capítulo 1:

Resumen:

Peter es un estudiante universitario que estudia relaciones internacionales y español. Antes de terminar sus estudios decide realizar un viaje de 6 meses por América Latina. Antes de salir de viaje decide visitar a su familia en el pueblo donde creció. Ahí se encuentra con sus padres y con su mejor amiga de la infancia con quien realiza un emocionante recorrido por los mismos lugares que visitaban cuando eran niños. Mientras realizan este paseo se encuentran por casualidad con una tienda de productos de viaje, ahí su amiga Chloe lo ayuda a encontrar todo lo que necesita para iniciar su gran aventura. Chloe platica con él y le da una idea que cambia sus planes.

Summary:

Peter is a student at university who majors in international relations and Spanish. Before finishing his studies he decides to make a 6 month trip to Latin America. Before heading out on his trip, he decides to visit his family at the town where he grew up. There he meets up with his parents and his childhood best friend with whom he goes on a walk to the same places they used to visit when they were kids. While they are on this exciting stroll, they find a travel gear store by chance. There his friend Chloe helps him find everything he needs to start his great adventure. While talking, Chloe gives him an idea that changes his travel plans.

Vocabulary

Estudiante: Student
Variedad: Variety
Alberga: Holds.
Viaje: Trip (noun), Travel (verb)
Campo: Countryside
Bosque: Forest
Alcanzaba: Reached
Barco: Ship
Gritaba: Yelled
Soñar: Dreaming
Escritorio: Desk
Infancia: Childhood
Atravesar: To cross
Selvas: Jungles
Maestra: Teacher
Dulce: Sweet (a person)
Ondulado: Wavy
Coloridos: Colorful
Granjero: Farmer
Establo: Barn
Gallinas: Hens
Rasgos: Features
Cariñoso: Affectionate
Encanta: Love
Patio: Backyard
Girasoles: Sunflowers
Hortensias: Hydrangeas
Narcisos: Daffodils
Lirios: Irises
Grandioso: Great
Banquete: Banquet

Pescado: Fish
Carne: Meat
Puré de papas: Mashed potatoes
Huerto: Vegetable Garden
Contarnos: Tell us
Mente: Mind
Adivinen: Guess (verb)
Trabajo: Job
Novia: Girlfriend
Lugares: Places
Olvidé: Forgot
Planeando: Planning
Seguro: Sure
Definirse: To be decided
Libertad: Freedom
Elegir: To choose
Ocurra: Come to mind
Montón: A lot
Silencio: Silence
Aventurero: Adventurous
Contento: Happy
Emocionado: Excited
Compartir: To share
Festejo: Party
Rebanada: Slice
Alacena: Pantry
Vajilla: Dinner Service
Brindamos: We toasted
Platicábamos: We chatted
Cubierto: Covered
Atlético: Athletic

Cachorro: Puppy
Travieso: Naughty
Callejero: Stray
Lodo: Mud
Terroso: Muddy
Dolor de cabeza: Headache
Ruidos: Noises
Sorpresa: Surprise
Pastillas: Pills
Delicioso: Delicious
Ánimos: Energy
Cargaba: Carried
Mochila: Backpack
Ponerse manos a la obra: To get started
Ordené: Organized
Detuve: Stopped
Cuelgan: Hang
Afiches: Posters
Buró: Bureau
Trofeos: Trophies
Campamento de verano: Summer Camp
Lago: Lake
Primos: Cousins
Torneo: Tournament
Vecino: Neighbor
Concierto: Concert
Banda Escolar: School Band
Niño Explorador: Boy Scout
Cabe: Fits
Mapa del mundo: World map
Ballena Azul: Blue Whale
Calamar: Squid

Zarpa: Sets sail
Oro: Gold
Tesoros: Treasures
Carreteras: Highways
Estómago: Stomach
Pájaros: Birds
Fantaseaba: Daydreamed
Caminos: Roads
Pecas: Freckles
Reconoces: Recognize
Escuela Maternal: Kindergarten
Paleta: Lollipop
Fresa: Strawberry
Como por arte de magia: As if by magic
Pastelería: Cake shop
Abrazo: Hug
Pastel: Cake
Desenvolvió: Unwrapped
Crema Batida: Whipped Cream
Estómago lleno corazón contento: Full stomach, happy heart.
Pila: Stack
Sugieres: Suggest
Despejar: To clear (verb), clear (noun: despejado)
Accedí: Agreed
Inspirar: Inspire
Brillaba: Shone
Paisaje: Landscape
Colina: Hill
Tiendas: Stores
Repentinamente: Suddenly

Edificio: Building

Destino: Fate

Desconcertado: Confused

Artículos: Items

Maleta: Suitcase

Botas: Boots

Sandalias: Sandals

Traje de baño: Bathing suit

Chamarra: Jacket

Toalla: Towel

Bolsa de dormir: Sleeping Bag

Navaja Suiza: Pocket Knife

Te gusta: (You) like

Cansado: Tired

Preguntas de selección múltiple

Seleccione sólo una respuesta para cada pregunta

1. ¿Cuál es la nacionalidad de Peter?

   a) Español

   b) Australiano

   c) Estadounidense

   d) Inglés

2. ¿A qué se dedica su madre?

   a) Doctora

   b) Maestra

   c) Bióloga

   d) Secretaria

3. ¿A dónde va a viajar Peter?

   a) Asia

   b) África

   c) América Latina

   d) Australia

4. ¿Dónde vive la familia de Peter?

   a) El campo

   b) La ciudad

   c) La playa

   d) El bosque

5. ¿De qué fue el pastel que Chloé le regaló a Peter?

a) Fresa

b) Zanahoria

c) Limón

d) Piña

Soluciones del Capítulo 1

1. c

2. b

3. c

4. a

5. c

Capítulo 2:

SALIDAS Y LLEGADAS

Después de una semana de deliciosa comida, amigos y visitas familiares, estaba más que listo para comenzar mi viaje. Mi primer **vuelo** Nueva York-Cuidad de México salía a las 12:00 del **mediodía** del **aeropuerto** John F. Kennedy. Sólo llegar a la ciudad de Nueva York era ya una pequeña aventura. Era la primera vez que visitaba la gran manzana y la primera vez que saldría en un **avión** fuera del país. Lo **confieso**, estaba muy **nervioso** y esa noche dormí muy poco.

El **despertador** sonó a las 5:30 de la mañana y yo, ya medio despierto desde hacía un rato, me levanté de un salto. Tomé una rápida **ducha** y me aseguré de tener todo en orden. Ahí estaban mi pasaporte, mis boletos de avión, mi **seguro de viajero**, **equipaje**, lentes de sol, todo en su lugar. Salí sin hacer mucho ruido para no despertar a mis padres y como siempre, encontré en la sala un **sabroso** desayuno preparado junto con una bolsa de comida para el camino y la nota de mamá que decía: "Buen viaje, mi pequeño Indiana Jones".

Así fue que salí de casa justo a las 6:00 de la mañana con una enorme mochila azul de esas que usan los **alpinistas,** mis botas nuevas elegidas por mi amiga Chloe y una bolsa llena de comida preparada por mi mamá, rumbo a la **estación de tren**.

El tren llegó **puntual** y me tocó el asiento junto a la **ventana**, el viaje empezaba con el pie derecho. Cuando el tren comenzó a moverse, **me arrulló,** y la falta de horas de sueño del día anterior se comenzó a sentir. En sólo minutos me quedé dormido **recostado** sobre la ventana. Al parecer caí profundamente dormido hasta que una voz **grave** me despertó.

"Joven, joven, ¿usted se baja en esta estación?"

Di un fuerte salto y miré a mi alrededor. Por un momento pensé que había dormido más de tres horas y había pasado la estación de Nueva York pero no, aún faltaba media hora para llegar, así que **suspiré aliviado** y respondí:

"Uf, muchas gracias, señor, aún me faltan 2 estaciones más, pero gracias por despertarme. Por poco y me paso de estación".

"No es nada, a mi me pasa siempre que me quedo dormido y me paso de mi estación. Como vi que dormía desde hace mucho, **supuse** que ya estaría cerca de llegar. ¿A dónde viaja?"

"¡A México!"

"¿A México?, ¿en tren?, ¿cómo es eso?"

"Sí, sí, viajo a México, aunque ahora sólo voy al aeropuerto de Nueva York, a tomar mi vuelo".

"Ah, así sí entiendo. **Imagino** que debe estar emocionado. Yo siempre quise viajar por el mundo, sólo que ahora ya soy demasiado viejo".

"¿Viejo? Para nada, estoy seguro de que usted es lo suficientemente joven para ir a donde quiera. ¡Ahora sí me bajo! **Que tenga un buen viaje**".

"¡Igualmente!, que disfrute de la **playa**".

Hacía mucho frío en Nueva York, me impresionó que el **clima** cambiara tanto entre la ciudad y el pueblo de mis padres. Salí de la estación y caminé hacia la **calle** a buscar un taxi, en fin, debía haber **miles** en Nueva York. Justo al salir de la estación comenzó a **llover**, esperé en la **esquina** por más de media hora y ninguno se detenía, pero ¡cómo era posible! Finalmente, logré que uno se detuviera, y le pregunté:

"¿Es posible ir al aeropuerto?"

"¿Con esta lluvia? Tal vez puedas llegar, pero va a ser muy **caro**".

"¿Qué tan caro?" pregunté.

"No sé, tal vez 100 o 150 dólares".

"¿Qué? ¡Pero eso es demasiado!"

"Entonces toma el metro, esa sería **tu mejor opción**".

Regresé al interior de la estación un poco triste, mi viaje no comenzaba tan bien como había esperado. Me acerqué al **mostrador de información** y pregunté:

"Disculpe, ¿**Cómo puedo llegar al aeropuerto** de Nueva York en metro?"

"Es muy fácil, mire, sólo debe tomar la línea 3 del metro hasta esta estación, después cambiar en esta al tren aéreo y listo, en **aproximadamente** 40 minutos estás ahí".

"¡Muchas gracias!"

"**De nada**".

Me **dirigí** hacia el metro pensando que tal vez estaba siendo un poco **dramático** y que mi viaje sí había empezado bien... sólo que la aventura comenzaba antes de lo esperado.

Tomé el metro siguiendo las **instrucciones** de la señorita y llegué al aeropuerto más rápido de lo que pensaba.

Al entrar al aeropuerto me sentí verdaderamente **impresionado.** Nunca había visto un edificio tan grande y menos tantos aviones juntos. La gente caminaba de un lado a otro rápidamente, todos arrastrando sus maletas o con mochilas bajo el brazo. Había también, por supuesto, gente del mundo entero. Al ver las pantallas con los destinos de vuelo, mi impresión creció aún más. Dubai, Tokio, París, Ciudad del Cabo, Moscú, Sao Paulo, Nueva Delhi, Bangkok, todos los lugares que había marcado con una **estrella** en mi mapa de niño, y finalmente, ahí estaba mi vuelo, destino: Ciudad de México, estado: **a tiempo.**

Mientras caminaba por ese gran aeropuerto pensé que parecía fácil **perderse.** Aún faltaban tres horas para mi vuelo, pero decidí buscar el lugar de dónde saldría lo más rápido posible, pues no quería **arriesgarme** a **perderlo** de ninguna forma. Caminé y caminé, usando las bandas transportadoras del aeropuerto hasta que llegué al mostrador.

"Buenas tardes, ¿es posible **documentar** mi equipaje para el vuelo a la Ciudad de México?"

"Pero claro, aunque usted será el **primero**".

"No hay ningún problema. Se nota que estoy emocionado ¿verdad?"

"Ahora que lo dice, sí, un poco. ¿Es su primer viaje fuera de los Estados Unidos?"

"¡Sí!, el primero".

"Wow, recuerdo la primera vez que tomé un avión, estaba tan emocionada como usted y ¿sabe? Creo que también fui la primera en llegar al aeropuerto".

"Jaja, qué bueno que no soy el **único**".

"Aquí tiene su **pase de abordar,** disfrute mucho y no se olvide de comer un delicioso mole por mí".

"¡Claro! Muchas gracias".

Me alejé del mostrador, feliz y con mi pase de abordar en mano, saqué mi **libreta** de notas para viaje y escribí "Cosas que hacer en México: Número 1. comer un mole". No tenía la menor idea de que era un mole pero ese era mi nuevo plan, no planear mucho, sólo escuchar **consejos** y hablar con las personas.

El **despegue** del avión fue mucho menos **atemorizante** de lo que pensaba. Desde arriba la ciudad se veía increíble, parecía una **maqueta** de arquitectura o una **pintura** que, entre más nos alejábamos, se iba convirtiendo en un millón de luces que brillaban en la distancia. Me recordó a las noches de **luciérnagas** de los veranos en casa de mis padres.

Una vez sentado y tranquilo saqué la comida que me había preparado mi madre, pero para mi sorpresa en el avión también daban de comer, así que ¿por qué no? Cené dos veces. El avión parecía mucho más cómodo que el tren que tomé en la mañana y que los autobuses que usaba para ir a casa de mis padres. Había **cobija, tapones de oídos, almohadas,** wow, creo que me empezaba a gustar viajar en avión. Ahora sí podría **recuperar** el sueño perdido la noche anterior y llegar a mi destino como nuevo. ¡Buenas noches!

Aterrizamos en la Ciudad de México muy **temprano** por la mañana, dormí todo el viaje y me sentía muy bien. Desde la ventana del avión la ciudad se veía **imponente.** Por primera vez me sentí un poco nervioso. Tras recoger mi maleta me di cuenta de algo... ¡no tenía idea de dónde me iba a **quedar**!

Caminé por la **enorme** terminal y lo único que sabía es que en México debía comer mole. Así que me senté a pensar un poco, unos segundos después se sentó en la misma **banca** un joven mexicano, seguramente tendría mi misma edad. Era alto, de **piel morena** y cabello oscuro, tenía **ropa deportiva** y hablaba por teléfono; hablaba demasiado rápido y yo entendía poco de lo que decía. Cuando terminó su llamada me miró y dijo:

"Hello, my friend!" yo no sabía qué **contestar**, entonces él dijo, "I want to practice my English, ¿is ok?"

Entonces yo dije: "Claro, pero yo también **quiero practicar mi español**".

"¡Hablas español!, qué bien, conozco pocos güeros que hablen bien español".

"¿Güeros?" pregunté.

"Sí, sí, güeros, **rubios**, como tú".

"Vaya, no conocía esa palabra".

Entonces saqué mi libreta de viaje y anoté "**palabras** nuevas: güero". El joven me miró y sonrió. Entonces preguntó:

"Y ¿cómo te llamas?"

"Me llamo Peter," contesté.

"¡Pedro!" exclamó. "Aquí te van a llamar Pedro, es lo mismo que Peter pero en español, puedes anotarlo en tu libreta".

"Y tú ¿cómo te llamas?"

"Yo me llamo Julio".

"Ah, Jules," contesté. "Yo te voy a llamar Jules, jaja".

"¡Muy **gracioso!**" contestó. "Y ¿**A dónde vás,** Pedro?" preguntó.

"La verdad, no lo sé. Estoy haciendo un viaje sin muchos planes," respondí.

"Eres muy **valiente,**" me dijo. "Yo estoy esperando a mi padre que llega de Argentina justo ahora, si quieres puedes ir a cenar con nosotros a casa y después te ayudamos a encontrar un hostal donde puedas quedarte".

Mi madre de seguro no estaría contenta con esto, pensé, pero qué va, esta es mi aventura. Entonces le dije: "Pero claro, ¡vamos!"

Después de **recoger** al padre de Julio, tomamos su auto y salimos rumbo a su casa. La Ciudad de México se veía enorme y **caótica** pero muy bonita. Jules vivía en un **barrio** al sur de la ciudad que se llamaba Coyoacán, era como un pequeño pueblo en medio de la gran ciudad, había muchos árboles, pequeñas calles y casas de colores.

Julio vive con su padre, su madre y sus dos hermanas; todos son muy **simpáticos** y su casa es muy bonita. La madre de Julio es **pintora** y le gustan mucho las flores. En su casa toda la decoración es muy tradicional, hay **jarrones de barro,** cuadros frutales y florales por todos lados, y **artesanías** como nunca había visto. Su padre es arquitecto y él mismo **diseñó** la casa, es profesor en la universidad y viaja mucho dando clases por todos lados. Las hermanas de Julio son **gemelas**, tienen 12 años y estudian en la **escuela secundaria**, tienen el cabello negro y largo, usan siempre **trenzas** y tienen una sonrisa muy linda.

La familia de Julio me recibió como si me conocieran desde siempre, les platiqué de mi viaje sin planes, de mis estudios en Estados Unidos, de la casa de mis padres en el campo y de la bicicleta roja de Chloe. Estaban muy contentos de escuchar mis historias y me contaron del viaje que ellos hicieron por todo el continente cuando eran **jóvenes**.

Cuando nos sentamos a la mesa, la madre de Julio dijo:

"Vas a **probar** un **platillo** muy típico de la cocina mexicana, espero que te guste, es muy particular".

"Seguramente sí, he escuchado muchas cosas buenas de la comida mexicana".

"Este platillo se llama mole," dijo.

Yo no lo podía creer. "Por supuesto, lo quiero probar," respondí.

Entonces me sirvió un gran plato de carne de pollo cubierta con una salsa de color oscuro. Debo confesar que se veía un poco extraño pero una vez que lo probé no podía creer lo bueno que era. Nunca había probado nada parecido. Además, nos sirvió un agua color roja de sabor exquisito.

"Esto es algún tipo de **jugo**?" pregunté.

"No, es agua de jamaica," contestó la madre de Julio. "La jamaica es una flor, crece en los árboles y después que cae se seca y sirve para hacer deliciosas aguas y algunos platillos también".

"Wow, agua de flores, no me lo puedo creer".

Pase una **velada** increíble con la familia de Julio. Finalmente, hasta me invitaron a pasar la noche en su casa en lo que encontraban un hostal para mí. Mi viaje no podría haber comenzado mejor. Había hecho un nuevo gran amigo, conocido una linda familia y comido mole, pero estaba seguro de que lo mejor estaba por venir.

A la mañana siguiente, Julio y su madre me llevaron de paseo, dijeron que debían mostrarme un lugar muy especial de la ciudad.

"¿Has estado en Venecia?" preguntó Julio.

"No, aún no," respondí.

"Yo tampoco, jaja, pero esto es como la Venecia de México," dijo Julio en tono **burlón.**

Entonces, llegamos a una zona de la ciudad en donde parecía comenzar el campo, llena de áreas verdes y casas coloridas. Ahí pude ver muchos árboles que no había visto en los Estados Unidos, entre ellos los famosos cactus que yo pensaba que sólo existían en el **desierto.**

Tras pasar entre pequeñas calles, nos bajamos del auto y tomamos un **estrecho** camino hasta llegar a un largo río lleno de coloridos barcos repletos de flores. Había decenas y en ellos paseaban familias, grupos de amigos y en algunos, hasta bandas musicales.

"Esos barcos se llaman trajineras y los grupos de música, mariachis, ¿quieres subir a uno?" preguntó Julio.

"Claro, vamos," respondí.

Subimos a uno de los barcos y **navegamos** por más de media hora, alrededor había un paisaje completamente **surrealista**, **decenas** de barcos con flores de colores, pequeñas **islas,** mariachis y montañas verdes.

A nuestro lado pasaban pequeños botes vendiendo bebidas y comida. Julio compró una **bebida** tradicional llamada pulque de la que me compartió. Tenía una textura tan **extraña** que **me costó trabajo** probarla, la verdad su sabor era demasiado intenso para mi, pero Julio me aseguró que sería buena para mi **salud** y que era una bebida muy **apreciada** y valorada por los **antiguos** pueblos que **habitaron** la región, así que me convenció de beber un poco más.

Julio me contó que los **canales** de Xochimilco servían como medio de transporte e **irrigación** para el **imperio** Azteca. En aquel tiempo, **fluían** por todo el valle de México por kilómetros y kilómetros. Ahora sólo existían en Xochimilco, pero por su valor histórico y cultural habían sido nombrados Patrimonio de la Humanidad por la UNESCO. Una historia realmente **fascinante**.

Tras terminar nuestro paseo, yo me sentía un poco **mareado,** pero Julio insistió en que fuéramos a comer a un pequeño restaurante cerca del **muelle** ya que yo tal vez no regresaría más a ese lugar. La mitad de las mesas estaban **afuera** y la mitad **adentro** y la "cocina" también estaba instalada casi en la calle, justo al lado de donde fluía el tránsito. Ahí dejé que Julio ordenara por mi ya que yo no entendía qué era nada de lo que estaba en el menú.

Cuando llegó mi plato me sorprendí al ver tanta comida. Se trataba de enormes tortillas de maíz con montañas de carne de diferentes tipos acompañadas de una gran ensalada. En nuestra mesa había más de cinco salsas diferentes de todos colores. Julio me aconsejó que las comiera con **moderación** pues podían ser demasiado picantes para mi. Aunque tomé en cuenta su consejo, una vez terminado mi segundo taco, mi estómago comenzaba ya a **quejarse**. Regresamos a casa tranquilamente y mi estómago iba **de mal en peor**. Entonces le dije a Julio:

"Julio, amigo, creo que necesitaré ir al baño en cualquier momento."

"Jaja, claro, sí, esta es tu bienvenida".

"¿Qué quieres decir?"

"Es una tradición que el **extranjero** que llega a México se tiene que **enfermar,** si no, es que no estuvo aquí, a eso lo llamamos la **venganza** de Moctezuma. Búscalo en Google".

Y Julio tenía razón, en mi segundo día fuera de casa había caído **víctima** de la venganza de un antiguo emperador Azteca pero la comida fue tan deliciosa que **valió la pena**.

Anexo del Capítulo 2:

Resumen:

Peter viaja del pueblo de sus padres a la ciudad de Nueva York a tomar su vuelo hacia la Ciudad de México. Al llegar a la ciudad las cosas no salen como esperaba, pero finalmente logra llegar al gran aeropuerto de la ciudad. Ahí, la gran aventura de su viaje comienza. Cuando llega a la ciudad de México, completamente perdido, se encuentra a Julio, un joven que sin conocerlo le ofrece cenar con su familia. Entonces Peter es invitado a una verdadera cena mexicana y encuentra a un nuevo amigo.

Summary:

Peter travels from his parents' town to New York City to catch his flight to Mexico City. When he arrives at the city, things don't go as he had planned but he finally gets to arrive at the city's great airport. There, the great adventure of his trip begins. When he arrives in Mexico City, completely lost, he meets Julio, a young boy who without knowing him, invites him to dinner with his family. Then Peter gets to have a real Mexican dinner and makes a new friend.

Vocabulary

Vuelo: Flight

Mediodía: Noon

Aeropuerto: Airport

Avion: Airplane

Confieso: I confess

Nervioso: Nervous

Despertador: Alarm clock

Ducha: Shower (noun)

Seguro de viajero: Travel insurance

Equipaje: Baggage

Sabroso: Tasty

Alpinistas: Mountain climbers

Estación de tren: Train station

Puntual: Punctual

Ventana: Window

Me arrulló: Rocked me to sleep

Recostado: Leaning against

Grave: Deep

Suspiré: Sighed

Aliviado: Relieved

Supuse: I assumed

Imagino: I imagine

Que tenga un buen viaje: Have a good trip

Playa: Beach

Clima: Weather

Calle: Street

Miles: Thousands

Llover: To rain

Esquina: Corner

Caro: Expensive

Tu mejor opción: Your best choice

Mostrador de información: Information counter

¿Cómo puedo llegar al aeropuerto?: How can I get to the airport?

Aproximadamente: Approximately

De nada: You're welcome

Dirigí: Set off

Dramático: Dramatic

Instrucciones: Directions

Impresionado: Impressed

Estrella: Star

A tiempo: On time

Perderse: To get lost

Arriesgarme: To risk

Perderlo: Miss (a flight)

Documentar: Check in

Primero: First

Único: The only one

Pase de abordar: Boarding pass

Libreta: Notebook

Consejos: Advices
Despegue: Take off
Atemorizante: Terrifying
Maqueta: Mock-up
Pintura: Painting
Luciérnagas: Fireflies
Cobija: Blanket
Tapones de oídos: ear plugs
Almohadas: Pillows
Recuperar: To recover
Aterrizamos: Landed
Temprano: Early
Imponente: Imposing
Quedar: Stay
Enorme: Huge
Banca: Bench
Piel morena: Bronzed
Ropa Deportiva: Sport clothes
Contestar: To reply
Quiero practicar mi español: I
want to practice my Spanish
Rubios: Blonde people
Palabras: Words
Gracioso: Funny
¿A dónde vas?: Where are
you going?
Valiente: Brave
Recoger: Pick up
Caótica: Chaotic
Barrio: Neighbourhood
Simpáticos: Nice

Pintora: Painter
Jarrones de barro: Clay vases
Artesanías: Handcraft
Diseñó: Designed
Gemelas: Twins
Escuela secundaria: High
School
Trenzas: Braids
Jóvenes: Young
Probar: To try or taste
Platillo: Dish
Jugo: Juice
Velada: Evening out
Burlón: Mocking
Desierto: Desert
Estrecho: Narrow
Navegamos: Sailed
Surrealista: Surreal
Decenas: Around ten
Islas: Islands
Bebida: Drink
Extraña: Odd
Me costó trabajo: It was
difficult for me
Salud: Health
Apreciada: Valued
Antiguos: Ancient
Habitaron: Lived
Canales: Canals
Irrigación: Irrigation
Imperio: Empire

Fluían: Flowed

Fascinante: Fascinating

Mareado: Dizzy

Insistió: Insisted

Muelle: Dock

Afuera: Outside

Adentro: Inside

Moderación: Restraint

Quejarse: Complain

De mal en peor: To worsen

Extranjero: Foreigner

Enfermar: To get sick

Venganza: Revenge

Víctima: Victim

Valió la pena: It was worth it

Preguntas de selección múltiple

Seleccione sólo una respuesta para cada pregunta

1. ¿Desde qué ciudad viajó Peter?

   a) Chicago

   b) Filadelfia

   c) Sidney

   d) Nueva York

2. ¿Qué transporte usó para llegar al aeropuerto?

   a) Barco

   b) Autobús

   c) Metro

   d) Bicicleta

3. ¿Hacia dónde viajó?

   a) Ciudad de Guatemala

   b) Ciudad de México

   c) Buenos Aires

   d) Madrid

4. ¿Dónde conoció Peter a Julio?

   a) La calle

   b) El aeropuerto

   c) El parque

   d) El restaurante

5. ¿A qué se dedica la madre de Julio?

a) Cantante

b) Pintora

c) Diseñadora

d) Arquitecta

Soluciones del Capítulo 2:

1. d

2. c

3. b

4. b

5. b

Capítulo 3:

EL LAGO ENTRE LOS VOLCANES

He estado casi un mes **completo** en México y la he pasado tan bien que casi me olvidé por completo de escribir en mi **diario**. Visité ciudades entre las montañas, playas de aguas **cristalinas,** hermosas ciudades coloniales, imponentes desiertos y, sobre todo, hice grandes amigos.

Durante mi última semana en el país, exploré el **estado** de Chiapas, en la frontera sur de México, ahí, en un hostal, conocí a Kristen, una chica de Canadá que, como yo, estudia español y planeaba viajar un año entero por América Latina. Kristen me habló de una **escuela** de español en Guatemala donde ella tomaría un curso de tres semanas. Parecía ser un lugar hermoso, con clases de muy buena calidad, sólo para estudiantes avanzados, y además **baratas**, así que decidí ir con ella.

Despertamos a las 6:00 de la mañana listos para tomar el autobús que nos llevaría a la ciudad de Panajachel y al famoso Lago Atitlán. Según lo que escuché en los últimos días, existen muchas **leyendas** sobre ese lugar. Al parecer, el lago es tan profundo que nadie ha podido llegar nunca al fondo. Algunos cuentan que la mítica ciudad de la Atlántida está en el fondo de sus aguas, otros que fue construído por una civilización extraterrestre o que fue ahí donde la civilización maya escondió todos sus tesoros, entre muchas otras historias que buscan explicar el origen de ese maravilloso lugar.

Estaba muy emocionado de conocer este **asombroso** sitio, así que dormí muy poco la noche anterior, en cambio Kristen parecía aún estar dormida.

"¡Kristen! ¿estás segura de que es aquí donde debemos **tomar el autobús?**" pregunté.

"Sí, estoy segura. Perdona, estoy aún un poco dormida y olvidé decirte que no es un autobús, sino una **camioneta** que puede salir desde donde sea".

"Entiendo," respondí. "Y **recuérdame, ¿Cuánto tiempo toma el viaje?**"

"Aproximadamente 6 horas, aunque a veces es difícil saberlo porque según dicen la carretera es un poco complicada".

"¿Complicada?, ¿cómo?"

"Creo que debe ser distinta a las carreteras que hemos visto últimamente, viajaremos sólo a través de la montaña y, además, a veces llueve mucho".

"Tiene sentido".

"¡Allá! ¡Ese es nuestro autobús!"

Corrimos hacia la esquina y allí estaba una pequeña camioneta blanca esperando. Dentro estaban dos chicos de unos 20 años que parecían ser extranjeros y una familia entera.

"¿Listos para el viaje?" preguntó el **conductor.**

"Claro, listos," dijimos.

"Entonces, ¡**abróchense los cinturones!**"

Después de una hora y media de viaje cruzamos la frontera, era la primera vez que cruzaba una frontera por tierra y era diferente a todo lo que hubiera esperado. Parecía más que una frontera, un gran **mercado**. Se podía encontrar de todo, desde ropa, zapatos y **relojes**, hasta comida por doquier. Tuvimos que bajar de la minivan y cruzar caminando hasta el pequeño puesto fronterizo de Guatemala. Ahí, en cuestión de minutos, **sellaron** nuestros pasaportes y dijeron: "Bienvenidos a Guatemala". Así empezaba mi aventura en un nuevo país.

Una vez del otro lado de la frontera un nuevo conductor nos esperaba. Tras abordar dijo: "Ahora si viene la parte buena del viaje". Yo no entendí a qué se refería pero me **inquietó** un poco.

Tras sólo media hora de camino comenzaba a sentirme **mareado**, la carretera no estaba en un muy buen estado y era un camino de sólo **curvas**. Kristen tenía una cara extraña así que le pregunté:

"Amiga, **¿te sientes bien?**"

"No lo sé, creo que tal vez voy a **vomitar**," dijo y entonces su cara comenzó a ponerse **pálida**.

"¡Conductor! **Parada de emergencia**, mi amiga está por vomitar".

El conductor se **orilló** y yo acompañé a Kristen fuera del autobús. Nos sentamos un minuto y su cara comenzó a recuperar el color. "Creo que sólo necesitaba **respirar** y pisar **tierra firme,**" dijo Kristen algo **apenada**.

El paisaje era increíble, lo habíamos observado poco, distraídos por el camino y por los mareos, pero por fin ahí estaba frente a nosotros, una enorme **cascada**, rodeada de árboles de un verde intenso con decenas de aves volando alrededor.

El conductor descendió del autobús e invitó a los demás pasajeros a acompañarlo. Todos estaban **atónitos** ante tal espectáculo de la naturaleza. Así permanecimos todos por un largo rato y al regresar al autobús el camino parecía mucho más **ligero.**

El lago Atitlán resultó ser más increíble de lo que contaban. Los tres imponentes volcanes que lo rodeaban creaban un paisaje casi irreal. Además, la escuela de español estaba justo frente al lago y tras sólo una semana de clases había ya aprendido más de 100 palabras que antes no conocía. Me di cuenta de que cuando aprendes español, nunca dejas de **aprender** nuevo vocabulario, pues en cada país tienen formas diferentes de llamarle a muchas cosas.

En Guatemala, además, aprendimos mucho de la cultura local. Al igual que el sur de México, Guatemala albergó alguna vez a la gran civilización Maya de la que aún se conservan muchas tradiciones. Guatemala es uno de los países dónde más se hablan lenguas indígenas, tiene una gran tradición de artesanía, medicina tradicional, entre otras cosas. Así que **a pesar de** ser un país pequeño es un lugar con muchas cosas que ver y aprender.

En la clase de español somos 6 estudiantes, Kristen, Michael, Lauren, Marek, Pierre y yo. Todos son muy simpáticos. Michael es de Alemania, es muy alto y tiene cabello oscuro y muy largo, pareciera una estrella de rock, pero es profesor de **escuela primaria** en Berlín; Lauren es de Australia, es la más joven del grupo, tiene 18 años y está viajando por todo el mundo antes de comenzar sus estudios en la universidad; Marek es de Polonia, tiene 30 años y es artista, él vive en Guatemala desde hace un año porque le gusta pintar rodeado de naturaleza, aprendió a hablar español por si mismo al llegar a Guatemala y habla mejor que yo; Pierre es francés, él es el más **tímido** del grupo, es **voluntario** en un centro comunitario en uno de los pueblos que están alrededor del lago.

Nuestro primer **fin de semana** libre decidimos hacer un paseo por los pueblos alrededor del lago. Rentamos un pequeño barco y salimos muy temprano por la mañana desde Panajachel, donde estaba nuestra escuela. El primer lugar a visitar sería San Pedro La Laguna, pues ahí estaba la escuela dónde Pierre trabajaba y él conocía muy bien el pueblo.

Mientras esperábamos todos en el muelle, vimos un pequeño barco acercarse; en él venía Pierre, vestido como todo un **marinero**, junto a otra persona.

"¡Bienvenidos a nuestro barco!" gritaron antes de llegar al muelle.

"¿Nuestro barco? Pero Pierre, qué sorpresa, no tenía idea de que navegaras y mucho menos de que tuvieras un barco," exclamé.

"Pues no es exactamente mío, es de mi amigo. Él es Mario. Como saben yo debo de tomar un pequeño barco todos los días para ir a la escuela de español. Mario es quien lo maneja, después de tres meses de viajar todos los días con él, nos hicimos amigos y ahora me está enseñando a manejar su barco más grande".

"¡Hola, chicos! Soy Mario, suban al barco y siéntanse como en casa, eso sí, **cuidado** con el agua".

Subimos todos y Mario nos dio a cada uno un **chaleco salvavidas** y una **bolsa** de plástico. La verdad me asustó un poco, pero estaba muy emocionado del paseo y de descubrir más de Guatemala así que un poco de agua no podría detenerme.

Pierre tomó el control del pequeño barco y gritó "¿Listos?", aún no le habíamos respondido cuando arrancó **a toda velocidad**. Mientras avanzábamos, el agua empezó a saltar alrededor del barco, dejándonos a todos **mojados.** Me sentía como en un **parque de diversiones**. Tras unos 20 minutos de saltos y agua, Pierre detuvo el barco repentinamente y dijo:

"¡Contemplen el paisaje más bonito del **mundo**! Ah, y gracias por ser los pasajeros de mi primer viaje manejando este barco".

Todos dimos un respiro de alivio al mismo tiempo y nos secamos el agua de la cara. Yo estaba por quejarme con Pierre por el **ajetreado** viaje, pero la vista era tan impresionante que inmediatamente ganó mi atención. Estar en medio del enorme lago y ver los tres volcanes que lo rodeaban era verdaderamente imponente.

"Ahora vamos a la siguiente parte del tour y ya que todos están ya mojados, los llevaré a mi playa favorita," dijo Pierre.

"¿Playa? Bueno, veamos que sorpresa tiene preparada este chico".

Avanzamos unos metros más en el barco y Pierre se acercó a un pequeño muelle. Parecía **desolado** y lleno de calles pequeñas, pero al caminar sólo unos metros nos encontramos con un sin fin de tiendas de artesanías, souvenirs, restaurantes, escuelas de cocina, centros de turismo, entre muchas otras cosas más.

Caminamos entre las **angostas** calles y entramos a una hermosa **terraza** con vistas al lago. Ahí todos tomaban el sol como si se tratara de una playa como cualquier otra. Nosotros hicimos lo mismo, bebimos piñas coladas y nos bañamos por primera vez en el lago. Pasamos una tarde muy divertida. Además, conocimos a muchos otros jóvenes estudiantes como nosotros pues en San Pedro hay también muchas escuelas de español.

Al día siguiente, después de una tarde de playa y relajación, nos esperaba una tarde **agitada**, pues haríamos una excursión y subiríamos a uno de los volcanes con Mario, quien conoce el lago y todos sus poblados **como la palma de su mano.**

Partimos temprano por la mañana; al **amanecer** el lago parecía un paisaje de otro mundo. Estabamos **adormilados** pero listos. En mi mochila puse **barras energéticas**, **botellas** de agua, sandwiches, lentes de sol y una **capa para la lluvia** por si llegara a llover.

Mientras comenzábamos a **ascender** pasamos por campos de muchos tipos; en San Pedro, nos contaba Mario, la gente siembra mucho a lo largo de la colina, había árboles de **aguacate**, más adelante maíz, **frijol** y café... todos ingredientes muy importantes de la dieta guatemalteca. No importaba qué tan alto subíamos siempre había agricultores trabajando en algún tipo de siembra.

Caminamos por horas, una o dos, y todos comenzábamos a sudar cuando llegamos a un punto de **descanso** y rápidamente nos tiramos en el piso. Yo tomé agua con desesperación y me comí dos barras energéticas. Kristen se quejaba del **dolor de pies,** Pierre no decía ni una sola palabra, pero tenía la cara completamente roja, Michael y Marek se quitaron sus playeras y las exprimieron, parecían salirles litros de sudor.

Entonces Mario nos miró y dijo riendo "¿Ah, sí?, **¿Ya se cansaron?** Si todavía no estamos ni a la mitad".

Todos nos miramos los unos a los otros asustados. Yo decidí comer una barra más y me puse de pie gritando "¡Sigamos!"

Los demás me miraron con cara de **angustia,** pero poco a poco comenzaron a ponerse de pie. Tomamos nuestras pequeñas mochilas y seguimos nuestro camino.

La ruta era cada vez más **empinada**, llevábamos ya casi tres horas caminando cuando Kristen se convirtió en el típico niño **latoso** y comenzó a preguntar cada 5 minutos "¿Ya llegamos?, **¿falta mucho?"**

A lo que Mario respondía "Paciencia, paciencia, no pienses en llegar, piensa en disfrutar el camino".

Estábamos a más de tres mil metros de altura y cada vez costaba más respirar, hasta Mario se comenzaba a ver cansado y cuando menos lo pensé, ya estábamos en la tan **anhelada** cima. El cielo estaba completamente despejado y la vista era maravillosa.

"Ahora sí, señorita Kristen, llegamos," dijo Mario.

Entonces todos los miramos de nuevo, ahora con cara de asombro, la caminata había valido la pena. En la cima de ese volcán me sentí más fuerte y emocionado que nunca.

Anexo del Capítulo 3:

Resumen:

En México, Peter conoce a Kristen una chica de Canadá que, como él, es estudiante de español. Ella le habla de una escuela en Guatemala donde ella irá a estudiar, entonces Peter decide acompañarla. Tras un ajetreado viaje en autobús, los jóvenes llegan a la ciudad de Panajachel frente al lago Atitlán, uno de los lugares más bellos y visitados de Guatemala. Ahí, Peter conoce a otros extranjeros estudiantes de español con quienes explora el maravilloso lago y uno de los volcanes de la región.

Summary:

In Mexico, Peter meets Kristen, a girl from Canada who is a Spanish student like him. She talks to Peter about a school in Guatemala where she is going to study and Peter decides to join her. After a hectic trip they arrive in Panajachel, a city in front of Lago Atitlán, one of the most beautiful and visited places in Guatemala. There he meets other foreign Spanish students with whom he explores the wonderful lake and one of the volcanoes of the region.

Vocabulary

Completo: Entire
Diario: Diary
Cristalinas: Crystal clear
Estado: State
Frontera: Border
Escuela: School
Curso: Course
Calidad: Quality
Avanzados: Advanced
Baratas: Cheap
Leyendas: Legends
Fondo: Bottom
Mítica: Mythical
Extraterrestre: Alien
Asombroso: Amazing
Tomar el autobús: Take the bus
Camioneta: Minivan
Recuérdame: Remind me
¿Cuánto tiempo toma el viaje?: How long does the trip last?
Tiene sentido: Makes sense
Conductor: Driver
Abróchense los cinturones: Fasten your seatbelts
Mercado: Market
Relojes: Clocks
Sellaron: Stamped

Inquietó: Worried
Mareado: Dizzy
Curvas: Bends
¿Te sientes bien?: Are you feeling ok?
Vomitar: To throw up
Pálida: Pale
Parada de emergencia: Emergency stop
Orilló: Pulled over
Respirar: To Breathe
Tierra firme: Solid ground
Apenada: Embarrassed
Cascada: Waterfall
Atónitos: Stunned
Ligero: Easy
Aprender: Learning
A pesar de: Despite of
Escuela primaria: Elementary School
Tímido: Shy
Voluntario: Volunteer
Fin de semana: Weekend
Marinero: Sailor
Cuidado: Watch out
Chaleco salvavidas: Life vest
Bolsa: Bag
A toda velocidad: At full speed

Mojados: Wet

Parque de diversiones: Amusement Park

Mundo: World

Ajetreado: Bustling

Desolado: Stark

Angostas: Narrow

Terraza: Terrace

Agitada: Hectic

Como la palma de su mano: Like the back of his hand

Amanecer: Dawn

Adormilado: Sleepy

Barras energéticas: Energy bars

Botellas: Bottles

Capa para la lluvia: Raincoat

Ascender: Walking up

Aguacate: Avocado

Frijol: Bean

Sudar: Sweat

Descanso: Rest

Dolor de pies: Aching feet

¿Ya se cansaron?: Are you already tired?

Angustia: Distress

Empinada: Steep

Latoso: Annoying

¿Falta mucho?: How much farther?

Anelada: Awaited

Preguntas de selección múltiple

Seleccione sólo una respuesta para cada pregunta

1. ¿Dónde conoció Peter a Kristen?

   a) Nueva York

   b) Ciudad de México

   c) Chiapas

   d) Guatemala

2. ¿A qué fueron Kristen y Peter a Guatemala?

   a) Vacacionar

   b) Estudiar

   c) Trabajar

   d) Vivir

3. ¿De dónde es Pierre?

   a) Francia

   b) Alemania

   c) Suiza

   d) Inglaterra

4. ¿En qué viajó el grupo a San Pedro?

   a) Autobús

   b) Barco

   c) Tren

   d) Avión

5. ¿La ciudad de Panajachel está frente a un?

a) Río

b) Bosque

c) Playa

d) Lago

Soluciones del Capítulo 3:

1. c

2. b

3. a

4. b

5. d

Capítulo 4:

PLAYA, SALSA Y RON

Nunca había imaginado que había tantos **tonos** de azul hasta que **volé** sobre el mar Caribe. Desde el cielo parece una gran **piscina** color **turquesa** con **manchas** de azul profundo, verde y hasta **morado**. A lo lejos, las **arenas** blancas brillaban como si se tratara de un desierto de sal.

Antes de salir de los Estados Unidos, **raramente** había pensado en visitar las islas del Caribe; lo único que sabía de la región era que había muchos **cruceros de lujo** que llevaban a cientos de turistas desde Miami a tomar el sol en sus playas y eso no era algo que llamara especialmente mi atención. No fue sino hasta justo antes de terminar mi curso de español en Guatemala, cuando hablando con Pierre sobre las **maravillas** naturales de islas como Dominica y San Vicente, la música, el baile y la cultura de Cuba, que comencé a convencerme de que el Caribe sería mi siguiente **destino.**

Salí desde la Ciudad de Guatemala en un vuelo directo a La Habana donde tenía planeado estar un par de semanas, después me encontraría con Pierre y Kristen en República Dominicana. Sólo el viaje en avión sobre el mar era ya increíble... apenas podía imaginarme lo bellas que se verían esas aguas de cerca.

Cuba era el tercer país que visitaba. Ahora me sentía muy **cómodo** viajando, mi español era mucho mejor y ya sabía moverme fácilmente, claro con la ayuda de mi teléfono celular y mi GPS. Sin embargo, Pierre me advirtió que Cuba era un país muy diferente al resto del mundo. De eso yo ya sabía algo pues lo hablamos en mis clases de política internacional, pero no me imaginaba cómo sería la experiencia de un **viajero** en el país.

Al llegar, me sorprendió el hecho de que hubiese dos **monedas** diferentes, el peso cubano y el peso cubano convertible. Según me explicaba el chófer del taxi que tomé fuera del aeropuerto, una era para uso exclusivo de los extranjeros y la otra para los cubanos: "así es el sistema," afirmó.

El mismo taxista, un hombre muy simpático de **tez** morena y enorme sonrisa llamado Juan, me explicó que los únicos **alojamientos** accesibles que podría encontrar en la isla serían en casas particulares. Algunas personas en cada ciudad, me contaba, tienen permiso para rentar habitaciones en sus casas y **departamentos** como si se tratara de un hotel.

"O bueno, más bien la versión original de airbnb," dije en voz alta, tras lo que él me miró confundido y no respondió.

Así, Juan me llevó a una de las famosas casas particulares y dijo: "Mira, así es como reconoces las oficiales: tienen ese símbolo azul en la puerta".

Muy **amablemente** se bajó conmigo y negoció el precio de la habitación, después me dio **recomendaciones** sobre qué lugares visitar y qué ver y comer en La Habana. Entonces, tras sólo una hora de haber llegado a Cuba, ya tenía hospedaje, plan para los siguientes días y una muy buena impresión de los taxistas cubanos.

Estaba cansado del viaje, pero no podía esperar más para recorrer las calles de la ciudad, así que sólo dejé mi mochila, me cambié mis pantalones por bermudas, mis botas por sandalias y me aventuré por las calles del **centro**.

Mi alojamiento estaba en el **casco histórico** de la ciudad. Justo al salir me topé con muchas callecitas que llevaban a pequeñas **plazas** y rincones pintorescos. Pasé frente a decenas de restaurantes y en cada uno de ellos había una banda de músicos tocando los clásicos de la música cubana mientras todo el mundo cantaba y bailaba a su alrededor. ¡Cómo me gustaría saber bailar así! Pensé.

Caminé por horas y cuando menos lo esperaba, empezó a oscurecer, así que entré a un pequeño restaurante camino a mi alojamiento. Cuando vi el menú no tenía idea de qué era nada de lo que estaba escrito allí. La **mesera** se acercó y me preguntó:

"¿Qué le sirvo, chico?" A lo que yo me quedé **mudo**, entonces volvió a preguntar "¿Quiere que le recomiende algo?"

"¡Sí, por favor!" contesté.

"Bueno, le traigo un plato de **ropa** vieja".

"¿Ropa? Pero yo quiero comida".

"Jaja, sí, pero la ropa vieja es comida, es un platillo típico cubano, ¿usted come carne?"

"Sí, ropa no, pero carne sí".

"Bueno, ya viene."

Estaba un poco preocupado por lo que vendría, pero el **olor** que salía de la cocina era delicioso. Entonces vi llegar un gran plato de carne con **arroz** y frijoles, y al lado, un **plátano frito,** se veía genial.

"¿Un vaso de **ron**?" preguntó la **mesera**.

"¿Por qué no?" contesté.

Tras el delicioso **manjar,** estaba listo para ir a dormir. Caminé por un par de calles pero justo una esquina antes de llegar, escuché una música **estridente** y con un ritmo **contagioso** saliendo desde un pequeño **pasillo**. Curioso, me acerqué a ver. Adentro había una gran sala de baile; con **trompetas**, percusiones, violines y guitarras, una orquesta entera de salsa tocaba la mejor música que había escuchado en mi vida.

Me acerqué a la **barra** y pedí un mojito mientras observaba impresionado a la banda tocar con tanta **alegría** y pasión, y a la gente que bailaba tan bien que parecía ser una coreografía preparada con **anterioridad.** Sus **pies** se movían tan rápido que era difícil seguirlos, su energía y felicidad se transmitían, y no pude evitar sentirme feliz y con ganas de **bailar.** Entonces, sentí que tocaban mi **espalda** y salté del **susto.**

"Hola, ¿bailas?" me preguntaba una chica **hermosa.**

Me quedé **congelado** y ruborizado. De repente, me olvidé de cómo hablar español.

"Bueno, al menos ¿hablas?" preguntó.

Regresé de mi trance y respondí: "sí, sí, claro que hablo, pero la verdad no sé bailar, aunque **me gustaría** mucho".

"Yo te **enseño**," dijo y yo de nuevo me **ruboricé.**

"¿De verdad?" pregunté.

"Sí, anda, vamos a bailar, ¿cómo te llamas?"

"Peter, me llamo Peter".

"Yo soy Daylin".

Caminamos a la pista de baile y yo casi **temblaba** de nervios y emoción. Traté de bailar, pero mis pies parecían no coordinar con la música, y aunque intentaba e intentaba, resultaba imposible. Daylin sonrió y dijo: "Tranquilo, vamos poco a poco. Mira, intenta sólo lo básico, escucha el **ritmo.** Un dos, un dos tres, un dos, un dos tres". Lo intenté de nuevo y **pisé sus pies.**

"Daylin, ¿estás bien? Lo siento mucho".

"Sí, no pasa nada, **no te preocupes,** si quieres sentémonos un rato".

"De verdad, ¿estás bien? Estoy muy apenado, es la primera vez que bailo este tipo de música".

"Pues ¿de dónde eres?" preguntó Daylin.

"De los Estados Unidos, pero de un pueblo muy pequeño. Allá los viejos escuchan música country y los jóvenes, pop. A mi me gusta la música clásica, pero de esto no sé nada".

"Vaya, hablas muy bien español, pensaba que eras latino".

"¡Gracias!, eres muy amable y muy linda. Me siento muy **tonto**, me gustaría mucho bailar contigo. Prometo **compensarte, ¿te gustaría salir algún día conmigo?**"

"¡Pero qué rápido eres!" dijo sonriendo. "Bueno, por qué no, pero no vamos a bailar más ¿verdad?"

"Jaja, no, por ahora no".

"Este es mi número, llámame," dijo mientras me entregaba una **servilleta** con su número telefónico.

"¡Te llamo!"

Salí del bar un poco mareado por los mojitos, la música y el **calor**, apenado pero contento. Mientras caminaba, pensaba en Daylin, ella era la chica más **linda** que había visto, su cabello largo y rizado la hacía parecer una sirena, su brillante sonrisa me había **hipnotizado**. Vaya, pensé, creo que debo dormir.

Llegué a mi habitación **fatigado**. Apenas podía creer que había llegado a Cuba ese mismo día; tenía una sensación extraña: aunque La Habana no podía ser más diferente a mi lugar de origen, me sentía como en casa.

A la mañana siguiente estaba cansado, pero con muchos ánimos. Había decidido tomarme el día para relajarme y pensar, así que tomé la recomendación de mi taxista del día anterior y me dirigí hacia Varadero, la playa más famosa **cerca** de La Habana. Tomé un autobús colectivo y en dos horas, de las cuales dormí una y media, ya estaba ahí.

En Varadero vi por primera vez los azules profundos que pude notar desde el avión, la playa era realmente paradisíaca. Tiré mi toalla en la arena y sentí en mi piel el calor del sol del Caribe. Mientras me relajaba escuchando las olas del mar, pensaba en Daylin. Quería verla **pronto** pero aún estaba muy apenado de mi terrible actuación como **bailarín** y quería hacer algo al respecto.

Tras **nadar** un poco en el mar, pude notar que había también cientos de **peces** de colores a mi alrededor, aunque no podía verlos bien porque el **agua salada** lastimaba mis ojos. Al salir del mar, noté que había barcos en la **orilla** de la playa ofreciendo tours de esnórquel... no lo dude ni un segundo y tomé uno. Minutos después me encontraba nadando entre peces de todas formas y colores, inclusive llegué a ver una hermosa tortuga y también una **mantarraya**. Nadé por horas, y al salir del agua, relajado y feliz, tuve una revelación: "¡tengo que tomar clases de salsa!" me dije a mi mismo.

Tomé el autobús de regreso a La Habana, llegué a mi **habitación**, tomé un baño y salí decidido a aprender a bailar. Caminé por todos los restaurantes y bares con música que había visto la noche anterior y ahí vi un **letrero** en la entrada de uno de los lugares que decía: "Clases de salsa para **principiantes**".

Pasaron tres días desde la noche que conocí a Daylin. Aún no me había decidido a llamarla, pero había pasado el día entero en el salón de baile, y claro, no era un profesional, pero al menos ya no **lastimaría** sus pies. Mi **maestra de baile** era una **mujer mayor** muy amable y **platicadora**, se llamaba Carolina, y durante los tres días que había tomado clases con ella, se había tomado muy en serio el poder convertirme en un bailarín, pues según ella, el baile es la mejor forma de comunicación del mundo porque sin ninguna palabra, puedes decir mucho.

Tras el fin de mi tercera clase, platicamos por horas, me contó sobre su **juventud** bailando con el ballet folklórico cubano y sobre cómo solía viajar por el mundo entero.

"Lo que haces es muy importante. Toda la gente debería poder viajar por el mundo. Eso cambia tu forma de ver las cosas, de vivir, te hace más **tolerante**, más **sabio**, **sencillo** y capaz de **arriesgarte**. Mira tú, cuándo hubieses pensado que te **esforzarías** tanto por aprender a bailar por una chica bonita y no me digas que no es cierto que aprendes por una chica".

Me ruboricé y contesté: "En tan pocos días, Carolina, me has llegado a conocer mucho".

"Te diré algo, chico, tienes un buen corazón, no tienes que ser el mejor bailarín del mundo para que esa chica se fije en ti. Anda, ya has progresado mucho, ahora llámala".

"Lo haré, Carolina, muchas gracias por todo".

Salí de mi clase y tomé el teléfono entre mis manos, no podía esperar un segundo más.

"Bueno, ¿Daylin?"

"Ella habla, **¿Quién llama?**"

"Soy yo, Peter, ¿me recuerdas?, del bar la otra noche, pisé tus pies…"

"Jaja, pero claro, Peter, claro que me acuerdo de ti. Yo pensaba que ya no me llamarías, han pasado ya varios días".

"Sí, lo siento, estuve muy **ocupado** los días anteriores, pero ahora estoy libre, ¿te gustaría ir a cenar conmigo?"

"Claro, vamos".

Quedamos en encontrarnos unas horas más tarde en el barrio viejo. Elegí un lugar tranquilo, frente a una plaza muy linda. Yo llegué muy puntual, pero pasaban más de diez minutos después de la **hora acordada** y Daylin no llegaba. Comenzaba a **resignarme** y a pensar que mi actuación del otro día había sido tan terrible que ella se había **arrepentido** de verme, pero unos minutos después, ahí estaba, caminando a **prisa**, tan linda como la recordaba.

Cenamos y **conversamos** por horas, el tiempo parecía pasar volando. Después de haber estado en el restaurante por un largo rato, tomé **valor** y la invité a bailar.

"¿A bailar? **¿estás seguro?**"

"Sí, a bailar, tengo una sorpresa para ti".

"¿De verdad? Estoy **intrigada**".

"Entonces vamos".

Nos dirigimos al mismo lugar de la última vez y ahí estaba de nuevo la orquesta tocando en todo su **esplendor.** Justo tras entrar la llevé a la **pista de baile** y le mostré mis nuevos **pasos.** Daylin no lo podía creer, sonreía y repetía junto a mí los pasos. Bailamos toda la noche y después la llevé de la mano de regreso a su casa, me sentía en un sueño.

Pasé la siguiente semana entera con Daylin, me llevó a los mejores salones de baile, a comer tamales, me enseñó a preparar ropa vieja, fuimos juntos en bicicleta desde el centro de La Habana hasta Varadero, vimos tortugas y **estrellas de mar.** Un fin de semana tomamos un autobús y nos fuimos hasta Cienfuegos, vimos la vida del campo en Cuba, comimos **cocos** y compartimos con los

campesinos. No quería que mi viaje por Cuba terminara.

Al regresar a La Habana, recibí una llamada de teléfono, era Pierre:

"Peter ¿estás bien?"

"Sí, ¡muy bien!"

"Kristen y yo estábamos preocupados. Llevamos días tratando de llamarte, pero tu teléfono no tenía **recepción**. Estamos esperandote en San Juan desde hace tres días".

"Lo siento, me había olvidado completamente".

"¿De verdad? Pero ¿cómo que te habías olvidado?"

"Es una larga historia, te contaré cuando nos veamos. La verdad es que será muy difícil despedirme de esta ciudad, pero mi viaje debe continuar".

"Bueno, espero escuchar tu historia pronto, aquí te esperamos".

Me despedí con mucha tristeza de Daylin y de La Habana, y compré mi vuelo hacia República Dominicana, donde Pierre y Kristen me esperaban. Daylin me llevó hasta el aeropuerto en el auto de su padre, nos despedimos con un largo **abrazo** y le **prometí** que regresaría.

Anexo del Capítulo 4:

Resumen:

Después de terminar sus estudios en Guatemala, Peter viaja a Cuba, donde se queda maravillado con la música y cultura del país. Tras conocer a una chica en un salón de baile decide aprender a bailar salsa. Su motivación es tan grande que decide tomar clases. Siguiendo los consejos de su maestra de baile, Peter vive un tierno romance con Daylin, con quien recorre el país y vive emocionantes aventuras. Pasan más de dos semanas, y Pierre y Kristen, quienes lo esperaban en República Dominicana, lo llaman preocupados.

Summary:

After finishing his studies in Guatemala, Peter decides to travel to Cuba. There he is amazed by the music and culture of the country; after meeting a girl at a dance hall, he decides to learn how to dance salsa. His motivation is so strong that he enrolls in a dancing class. Following his dance teacher's advice, Peter has a sweet romance with Daylin, with whom he travels around the country and lives exciting adventures. Two weeks pass and Pierre and Kristen, who were waiting for him in the Dominican Republic, call him, worried.

Vocabulary

Tonos: Tones
Volé: Flew
Piscina: Pool
Turquesa: Turquoise
Manchas: Spots
Morado: Purple
Arenas: Sands
Raramente: Rarely
Cruceros de lujo: Luxury cruises
Maravillas: Wonders
Destino: Destination
Cómodo: Comfortable
Viajero: Traveller
Monedas: Currencies
Tez: Complexion
Alojamiento: Accommodation
Departamentos: Flats
Amablemente: Kindly
Recomendaciones: Suggestions
Centro: Downtown
Casco histórico: Old town
Plazas: Squares
Mesera: Waitress
Mudo: Mute
Ropa: Clothes
Olor: Smell
Arroz: Rice

Plátano frito: Fried plantain
Ron: Rum
Manjar: Feast
Estridente: Loud
Contagioso: Contagious
Pasillo: Hallway
Trompetas: Trumpets
Barra: Bar
Alegría: Joy
Anterioridad: Beforehand
Pies: Feet
Felicidad: Happiness
Bailar: To dance
Espalda: Back
Susto: Fright
Hermosa: Beautiful
Congelado: Frozen
Me gustaría: I would like
Enseño: Teach
Ruboricé: Blushed
Temblaba: Trembled
Ritmo: Rhythm
Pisé sus pies: Stepped on her feet
No te preocupes: Don't worry
Tonto: Foolish
Compensarte: Make it up to you
¿Te gustaría salir algún día

conmigo?: Would you like to go out with me someday?

Servilleta: Napkin

Calor: Heat

Linda: Pretty

Sirena: Mermaid

Hipnotizado: Mesmerized

Fatigado: Exhausted

Cerca: Near

Paradisíaca: Idyllic

Pronto: Soon

Bailarín: Dancer

Nadar: Swim

Peces: Fish (alive)

Agua salada: Salt Water

Orilla: Shore

Mantarraya: Stingray

Habitación: Room

Letrero: Sign

Principiantes: Beginners

Lastimaría: Hurt

Maestra de baile: Dance teacher

Mujer mayor: Older woman

Platicadora: Talkative

Juventud: Youth

Tolerante: Tolerant

Sabio: Wise

Sencillo: Humble

Arriesgarte: Take risks

Esforzarías: Work hard

¿Quién llama?: Who is calling?

Ocupado: Busy

Hora acordada: Agreed time

Resignarme: Resign

Arrepentido: Regretted

A prisa: In a hurry

Conversamos: Chatted

Valor: Courage

¿Estás seguro?: Are you sure?

Intrigada: Intrigued

Esplendor: Glory

Pista de baile: Dance Floor

Pasos: Moves

Estrella de mar: Starfish

Cocos: Coconuts

Campesinos: Farmer

Recepción: Signal

Abrazo: Hug

Prometí: Promised

Preguntas de selección múltiple

Seleccione sólo una respuesta para cada pregunta

1. ¿Desde dónde viajó Peter a Cuba?

    a) Puerto Rico

    b) Ciudad de México

    c) República Dominicana

    d) Guatemala

2. ¿Qué es ropa vieja?

    a) Un disfraz

    b) Comida

    c) Vestuario

    d) Postre

3. ¿Dónde conoció Peter a Daylin?

    a) La escuela

    b) La calle

    c) El salón de baile

    d) La oficina

4. ¿Qué aprendió Peter para conquistar a Daylin?

    a) A hablar español

    b) A bailar

    c) A cantar

    d) A cocinar

5. ¿Cuánto tiempo estuvo Peter en Cuba?

a) Dos años

b) Dos semanas

c) Dos meses

d) Dos días

Soluciones del Capítulo 4:

1. d

2. b

3. c

4. b

5. b

Capítulo 5:

UNA AVENTURA EN EL MAR

Junto a Kristen y Pierre, realicé la segunda parte de mi viaje por el Caribe. Estuvo lleno de mar, naturaleza y sorpresas. Pasamos más de tres semanas viajando de una isla a otra en pequeños barcos, a veces, en medio de bolsas de arroz y frijoles que se transportaban de un puerto a otro. Cuando estábamos cansados, tomabamos barcos turísticos con margaritas y **música a bordo.**

La mayor parte del tiempo **acampamos** frente a playas paradisíacas bajo **palmeras** y una **exuberante** naturaleza. De tanto nadar en el mar y tomar el sol mi cabello ahora era muy rubio y mi **piel morena.** Me gustaba mucho la vida en el mar pero comenzaba a estar cansado de estar lleno de arena todo el tiempo, de dormir en una bolsa de dormir y de bañarme con agua salada. A veces, extrañaba mi hogar, las comodidades de la casa de mis padres, mi dormitorio de la universidad, la ducha caliente y las tartas de manzana de mi mamá. También pensaba mucho en Daylin, me hubiera gustado invitarla a ver todas estas hermosas playas conmigo.

"Peter, **¿qué pasa?**, te veo muy **melancólico**," me preguntó Pierre, sacándome de mis pensamientos.

"Nada, sólo pensaba".

"¿En la chica cubana?"

"Jaja, sí, aunque no sólo en ella, creo que ya comienza a ser tiempo de que continúe con mi viaje".

"Sabes, yo pensaba lo mismo. Regreso a Francia en dos meses y aún hay muchos lugares que quisiera ver".

"¿Qué dices, comenzamos a planear nuestra **partida**?"

"Sí, hagámoslo, pero antes, comencemos con la despedida," dijo mientras corría hacia el mar.

Pasamos la tarde en la playa, tomando agua de coco y comiendo un gran plato de **mariscos**. Vimos juntos el **atardecer** y después prendimos una **fogata**, Kristen sacó su guitarra, Pierre una percusión y comenzamos a cantar. Aunque corría mucho **viento**, la noche era **cálida**.

A la mañana siguiente, fuimos juntos a desayunar y hablamos con Kristen. Ella aún quería quedarse más tiempo en el Caribe, así que tendríamos que separarnos. Pierre y yo elegimos cuál sería nuestro próximo destino.

Pierre dijo: "Uno de los lugares que siempre he querido visitar es Colombia. Sabes que me encantan las percusiones latinas y en la costa de Colombia están algunos de los mejores **tambores** del mundo".

"¡Pues vamos para allá!"

"El único problema es que he visto que viajar en avión desde aquí hacia allá es un poco caro, aunque podríamos viajar hasta Panamá y después tomar un barco, he escuchado que es posible".

"No hay ningún problema, hemos viajado en tantos barcos que uno más largo no será nada para nosotros".

"Perfecto, entonces hagámoslo".

Durante los días siguientes Pierre se hizo cargo de organizar el viaje. Iríamos a la costa de Colombia y **desembarcaríamos** en el puerto de Cartagena, pero para poder llegar hasta allá había que cruzar todo el mar Caribe. Así que tendríamos primero que viajar en avión hasta Panamá y después tomar un barco que pararía en muchas islas pequeñas. Sólo llegar hasta allá sería toda una odisea; además, nuestro **presupuesto** comenzaba a **reducirse** así que a Pierre se le había ocurrido encontrar un **empleo** para nosotros en el barco desde Panamá hasta Cartagena.

Salimos a mediodía desde el Aeropuerto de Santo Domingo, el viaje fue corto y de nuevo pudimos ver el mar Caribe en todo su esplendor desde el avión. Llegamos al aeropuerto de la Ciudad de Panamá y ahí mismo tomamos un taxi que nos llevaría **directamente** al puerto. Pudimos ver la ciudad sólo desde la ventana del taxi, parecía muy grande y moderna, toda una metrópolis, aunque con un toque de Caribe. Llegamos a un puerto muy moderno y **limpio** y le dije a Pierre:

"¿Crees que vamos a viajar en alguno de estos **yates** de lujo?"

"**Lo dudo** mucho. Nosotros viajamos en un **barco de carga**. ¿Recuerdas cuando viajamos hacia Martinica en el barco que llevaba arroz? Pues así será este, pero mucho más grande, de hecho, es posible que estemos en el puerto **equivocado**," contestó Pierre.

Caminamos un poco y preguntamos a uno de los trabajadores del muelle si sabía de donde zarparía nuestro barco. Y sí, resultó que era en otro muelle. Tendríamos que caminar más de quince minutos, pero afortunadamente habíamos llegado temprano. Después de caminar un poco vimos un enorme barco frente a nosotros, se veía impresionante, aunque viejo y **oxidado**; el muelle en el que estaba era muy diferente al de los yates de lujo, había restos de pescado, **redes** tiradas por todos lados y olía mal.

"Parece que aquí es," dijo Pierre.

"Me temo que sí".

Nos acercamos tímidamente a uno de los marineros que estaba

frente al barco y confirmo que sí, ese era nuestro barco.

"¿Ustedes son los jóvenes que van a trabajar?" preguntó.

"Sí, somos nosotros".

"Bueno, entonces pueden comenzar a ayudarme. Vamos a quitar todas las redes de aquí, después me van a ayudar a meter todos esos sacos de arroz aquí abajo ¿entendido?"

"Sí, entendido".

"¿Cuál es su nombre?"

"Somos Pierre y Peter".

"¿Son **hermanos**?"

"No".

"Pues podrían serlo. Bueno, les **advierto,** el trabajo en el barco es muy **duro**, por eso les pido que me ayuden ahora, así tienen tiempo para **arrepentirse**. Ahora a trabajar, tenemos dos horas para **cargar** **t**odo lo que falta en el barco".

Dejamos nuestras mochilas justo en la entrada del barco y comenzamos a cargar sacos. Eran mucho más **pesados** de lo que imaginaba, los movíamos de un lado a otro en una **carretilla** pero el solo subirlos a esta era ya muy cansado. Apenas habíamos levantado unos 10 sacos y ya estábamos completamente sudados. El marinero nos vio y dijo sonriendo: "Recuerden que siempre se pueden arrepentir". Pierre y yo nos miramos y no tuvimos que decir nada, los dos estábamos decididos a hacer este viaje así que continuamos trabajando. Cuando finalmente terminamos después de dos largas y cansadas horas el marinero se nos acercó y dijo:

"Bienvenidos al barco. Mi nombre es Julio y voy a estar a cargo de ustedes, ahora pueden subir, en el primer piso a la derecha está su **camarote**".

Aliviados, entramos al barco y cargamos nuestras mochilas hacia nuestra habitación. Nuestra ropa estaba completamente mojada por tanto sudor, no podíamos esperar para tomar una ducha y una larga **siesta.** La habitación era un **diminuto** cuarto con una **litera** y un baño privado, la cama no era muy cómoda y las **sábanas** estaban algo húmedas pero estábamos tan cansados que **ambos** nos quedamos dormidos en minutos. No pasó más de una hora cuando Julio tocó a nuestra puerta. "¡Hora de trabajar, muchachos!" gritó. Yo pensaba que estaba soñando hasta que golpeó la puerta aún más fuerte; me levanté de un salto.

"¿Estaban dormidos?" preguntó Julio.

"Sí, quedamos agotados tras levantar los sacos".

"¿Tan rápido? Pues aún hay cosas que hacer, a ustedes les corresponde limpiar una de las **bodegas** que está al fondo de este pasillo. No es mucho trabajo, en dos horas podrían terminar entre los dos y después pueden subir a cenar a **cubierta** y a conocer a los demás miembros de la **tripulación**".

"Está bien, Julio, ahora vamos a trabajar".

Regresé a la habitación e intenté despertar a Pierre, tuve que gritar su nombre más de diez veces para lograr que despertara, parecía un **sonámbulo**, decía cosas sin sentido y sus ojos estaban a medio abrir.

"Pierre, arriba, tenemos que ir a limpiar una bodega".

"Pero no…"

"Pero sí, Pierre. Después podemos ir a cenar y a conocer el resto del barco y a la tripulación".

"Pero estoy dormido," decía Pierre **balbuceando.**

"Sí, yo también quiero estar dormido, pero tendremos que dormir más tarde, ahora es momento de trabajar".

Pierre despertó y fuimos **sin muchas ganas** a limpiar la bodega. Estaba casi por oscurecer y el pasillo que conectaba nuestro cuarto a la bodega se veía **escalofriante**, las paredes eran de **acero** oxidado y estaban muy frías. Al llegar al lugar, el olor a humedad era tan fuerte que tuvimos que tapar nuestra nariz. Tomamos las **escobas** y jabones y nos apresuramos a nuestra labor. Julio tenía razón, en sólo una hora y media logramos terminar de limpiar. No sé si fue porque era poco trabajo o porque teníamos prisa por salir de ese lugar.

Subimos a cubierta y el aire se sentía caliente y húmedo. El contraste entre el aire libre y el de nuestro cuarto era muy grande, se sentía muy bien respirar aire fresco con olor a mar, aunque hacía mucho calor. Ahí conocimos al resto de la tripulación, eran todos hombres, mayores que nosotros y parecían muy **rudos**, teníamos un poco de miedo de acercarnos hasta que Julio nos gritó: "¡Vengan acá, chicos!"

Nos acercamos tímidamente y Julio nos presentó.

"Chicos, ellos son Pierre y Peter, mis ayudantes".

"Bienvenidos al barco," dijeron todos **al mismo tiempo.**

"Ellos son Lucio, Rodrigo, Ulises, Luis, Miguel, Alfonso, Marco y Gustavo, son miembros de la tripulación, al capitán lo van a conocer después".

"¿Qué, son mudos?" preguntó uno de los chicos.

"Déjenlos, son un poco tímidos," contestó Julio.

"Hola a todos," respondí yo. "Perdón, estamos un poco cansados, pero es un gusto conocerlos."

"¿Están cansados? Pero si es el primer día," dijo Rodrigo burlonamente.

"Sí, viajamos desde Panamá hoy mismo, ha sido un día muy largo".

"Bueno ya no los **molesten** más muchachos, vamos a cenar," interrumpió Julio.

Nos acercamos a la mesa, era enorme y en ella había muchos platos llenos de comida, arroz, frijoles, plátanos y papas cocidas; parecían platillos sencillos, pero olían muy bien. Pierre y yo **moríamos de hambre**. Nos servimos grandes porciones de todo y yo comí tan rápido que después me dolía un poco el estómago.

"Tranquilo, muchacho, no te vayas a **indigestar**," me dijo Julio. "Si quieren bajar a dormir pueden hacerlo," agregó.

Yo me levanté apretando mi **vientre** y caminé rápido a la habitación. **Al fondo** escuché cómo se reían los demás miembros de la tripulación, pero no me importó, sólo quería llegar a mi cuarto, ponerme ropa limpia y tirarme en la cama. Pierre caminó detrás de mí.

"Parece que será un viaje largo," le dije.

"De eso podemos estar seguros," respondió.

Tras una ducha caliente, me recosté en la cama y dormí como si estuviera en el hotel más lujoso del mundo. En momentos como ese, cualquier lugar era maravilloso siempre y cuando yo estuviera recostado; mis piernas me dolían, tenía las manos **enrojecidas** de tanto cargar y la espalda lastimada y esa era sólo la primera noche.

Pasaron diez largos días de viaje y estoy seguro de que han sido lo días más cansados de toda mi vida. Cuando se acercaba el final de la **travesía**, en mis manos comenzaban a formarse **callos**, mis brazos y mi espalda se sentían más fuertes y mi estómago podía soportar cualquier tipo de comida. El barco se detuvo en más de diez pequeñas islas que se encuentran entre Panamá y las costas colombianas. En cada una de ellas dejamos sacos de arroz o frijol a los **comerciantes**; algunas eran tan pequeñas que sólo vivían un par de familias, otras tan únicas que tenían su propio idioma. El viaje sin duda fue fatigante pero también una gran experiencia. Al llegar a las costas de Cartagena, los compañeros de la tripulación nos abrazaron uno a uno.

"Resultaron más fuertes de lo que pensábamos, muchachos. Nuestros **reconocimientos**, son todos unos marineros, además tienen buen **corazón**".

Estábamos **conmovidos**, habíamos logrado agradarles a los marineros más rudos que habíamos conocido.

Nos despedimos con una sonrisa en el rostro, agotados y con ganas de descansar, pero más fuertes que nunca. A nuestra llegada a Cartagena, nos recibió Marie, una amiga de Pierre de Francia que, como él en Guatemala, era voluntaria en una escuela. Ella vivía en el centro, en una casa **espaciosa** y colorida, su sala estaba llena de **colchones** en el suelo, eran muy suaves, la cocina era blanca y **reluciente**; al parecer me había **acostumbrado** a la vida en el barco pues la casa de Marie me parecía un **palacio**. Ella preparó un gran banquete para nosotros. Nos sentíamos como **reyes**.

En casa de Marie pasamos una semana de descanso explorando la ciudad. El centro de Cartagena era muy bello. Cartagena parecía una pequeña ciudad atrapada en una **fortaleza** frente al mar, hay muchas plazas con músicos tocando **por doquier,** y por las calles **empedradas,** caballos con sus **carretas** pasean a turistas y colombianos que quieren sentirse como en los tiempos de la colonia. El café es delicioso y lo venden por todos lados y qué decir de las arepas y empanadas. Además de la amabilidad de la gente colombiana, los habitantes de la costa son muy simpáticos y **divertidos**, la ciudad en ocasiones me recordaba a Cuba y me hacía pensar en Daylin.

Mientras yo paseaba, Pierre se encargaba de planear nuestros próximos pasos. Estaba buscando un contacto con algunos percusionistas colombianos con quienes pudiera tomar clases, pues según le habían recomendado, aunque en la costa estaban los mejores, era mejor ir fuera de Cartagena a los pequeños pueblos de la región. Ese sería nuestro próximo destino.

Anexo del Capítulo 5:

Resumen:

Peter y Pierre deciden viajar a Colombia, separándose de Kristen en República Dominicana. Debido a que su presupuesto comienza a reducirse, deciden realizar un largo viaje, yendo en avión hasta Panamá y después en barco hacia la ciudad de Cartagena en la costa de Colombia. Pierre consigue trabajo para los dos en un barco de carga, ahí tienen que cargar sacos de alimentos, limpiar bodegas y hacer otras arduas labores mientras viajan en el enorme barco que para en muchas pequeñas islas durante el camino. Tras diez días de extenuante trabajo llegan a la ciudad de Cartagena donde son recibidos por la amiga de Pierre, Marie. Ahí planean su próximo viaje a los pequeños pueblos de la costa colombiana en búsqueda de los mejores percusionistas del país.

Summary:

Peter and Pierre decide to travel to Colombia, saying goodbye to Kristen in the Dominican Republic. As their budget starts to decrease, they decide to take a longer trip going by plane to Panamá and then by boat to the city of Cartagena on the Colombian coast. Pierre finds a job for them on a cargo ship. There they have to carry food sacks, clean storage rooms and do hard work while traveling on the huge boat that stops at many small islands on the way. After ten days of strenuous work, they arrive in Cartagena where they are welcomed by Pierre's friend, Marie. There they plan their next trip to the small towns on the Colombian coast in search of the best percussionists in the country.

Vocabulary

Música a bordo: On board music

Acampamos: Camped

Palmeras: Palm trees

Exuberante: Lush

Piel morena: Tanned

¿Qué pasa?: What' going on?

Melancólico: Melancholic

Partida: Departure

Mariscos: Seafood

Atardecer: Dusk

Fogata: Campfire

Viento: Wind

Cálida: Warm

Tambores: Drums

Desembarcaríamos: We would get off

Presupuesto: Budget

Reducirse: To lessen

Empleo: Job

Directamente: Directly

Limpio: Clean

Yates: Yachts

Lo dudo: I doubt it

Barco de carga: Cargo ship

Equivocado: Wrong

Oxidado: Rusty

Redes: Nets

Hermanos: Brothers

Advierto: Warn

Duro: Rough

Arrepentirse: Change their minds

Cargar: Load

Pesados: Heavy

Carretilla: Wheelbarrow

Camarote: Cabin

Siesta: Nap

Diminuto: Tiny

Litera: Bunk beds

Sábanas: Sheets

Ambos: Both

Bodegas: Storage

Cubierta: Deck

Tripulación: Crew

Sonámbulo: Sleepwalker

Balbuceando: Mumbling

Sin muchas ganas: Reluctantly

Escalofriante: Creepy

Acero: Steel

Escobas: Brooms

Rudos: Tough

Al mismo tiempo: At the same time

Molesten: Bother

Moríamos de hambre: Were starving

Indigestar: Get indigestion

Vientre: Abdomen

Al fondo: At the back

Enrojecidas: Reddened

Travesía: Voyage

Callos: Calluses

Comerciantes: Merchants

Reconocimientos: Acknowledgement

Corazón: Heart

Conmovidos: Moved

Espaciosa: Roomy

Colchones: Mattresses

Reluciente: Gleaming

Acostumbrado: Got used to

Palacio: Palace

Reyes: Kings

Fortaleza: Fortress

Por doquier: Everywhere

Empedradas: With stone pavement

Carretas: Carriages

Divertidos: Fun

Preguntas de selección múltiple

Seleccione sólo una respuesta para cada pregunta

1. ¿Desde dónde zarpó el barco de Peter y Pierre?

    a) Cuba

    b) Martinica

    c) Colombia

    d) Panamá

2. ¿En qué tipo de barco viajaron?

    a) Yate

    b) Crucero

    c) Carguero

    d) Lancha

3. ¿Cuánto tiempo duró el viaje en barco de Pierre y Peter?

    a) 10 horas

    b) Una semana

    c) 10 días

    d) Un mes

4. ¿Durante el trayecto el barco...?

    a) Naufragó

    b) Visitó muchas islas

    c) Se averió

    d) Paseó turistas

5. ¿Por qué quería Pierre viajar a Colombia?

a) Para trabajar

b) Para visitar lugares turísticos

c) Para mejorar su español

d) Para estudiar música

Soluciones del Capítulo 5:

1. d

2. c

3. c

4. b

5. d

Capítulo 6:

AL RITMO DE LOS TAMBORES

Los días en Cartagena fueron largos, **lentos** y alegres. Tras el viaje en barco me había acostumbrado a pasar mucho tiempo en silencio mientras trabajábamos, a observar el mar y las **nubes;** Juan hasta me había enseñado a **predecir** cómo sería el clima el resto del día observando las nubes de la mañana. Aprendí a **apreciar** los días en calma, los espacios pequeños y el viento del mar. Así que pasé largas horas en el puerto observando los barcos que iban y venían hasta llegar el atardecer, imaginando como serían sus viajes según el clima que los acompañaría el resto de su **jornada.**

Pierre y yo partimos de Cartagena hacia una región llamada Los Altos, sin más que un papel con un par de números de teléfono en la mano. Durante el viaje en autobús pudimos observar como el paisaje costeño se iba transformando conforme nos adentramos en el país. Pierre estaba muy emocionado y no dejaba de hablar ni un segundo, me contó todo sobre la historia de la región.

Según sus **lecturas**, el puerto de Cartagena había sido uno de los principales centros de **tráfico de esclavos** en los tiempos de la colonia. Llegaban enormes barcos cargados con hombres y mujeres de distintas regiones de África, que después eran **vendidos** o **intercambiados** para trabajar en las grandes **haciendas.** Fue ahí mismo donde surgió la primera **lucha** por la libertad de las comunidades esclavizadas. Los esclavos escaparon a las regiones más lejanas de las montañas, justo por donde viajamos nosotros. Ahí conformaron comunidades cerradas y mantuvieron vivas muchas de las tradiciones que los acompañaban desde sus países de orígen en África. Hubo una comunidad que hasta conservó su propio idioma y por supuesto, su música. Son aun hoy maestros de los tambores y ritmos africanos, y ahí es a donde nos dirigimos: a San Basilio de Palenque.

Durante más de tres horas recorrimos kilómetros de exuberante selva, pasamos por ríos y **lagunas** y por enormes plantaciones de mango. Hacía mucho calor y demasiada humedad y el autobús en el que viajabamos paraba cada 5 minutos para recoger y dejar pasajeros. Justo cuando mi espalda comenzaba a sentirse muy **adolorida**, vimos a lo lejos el **señalamiento** que decía: San Basilio de Palenque.

Al bajar del autobús, nos rodearon más de cinco chicos, preguntando a dónde íbamos y ofreciéndose a llevarnos en sus **motocicletas**. Pierre les dijo que preferíamos caminar y nos observaron con cara de **asombro**. Seguimos por un camino cuyo final no se veía a lo lejos.

"Pierre, ¿estás seguro de que podemos llegar caminando?" pregunté.

"Sí, eso creo".

"¿Eso crees?"

"Sí, la verdad no estoy seguro. Guardé un mapa en mi celular, pero no hay señal de teléfono aquí. No sabía que sería así, pero recuerdo que el mapa decía que había que seguir **recto** por el camino".

"¿Recuerdas por cuánto tiempo?"

"No lo recuerdo, lo siento".

"Honestamente, estoy un poco preocupado. Va a **anochecer** pronto, tal vez deberíamos ver dónde dormir y buscar a tu profesor mañana".

"Yo preferiría ir hoy," respondió Pierre mirándome fijamente.

"Está bien, sigamos".

Continuamos caminando sin estar seguros de cuándo llegaríamos. En el camino encontramos pequeñas casas al lado de la carretera, familias y amigos parecían reunirse al frente de ellas con música a muy alto volumen, bailando y tomando ron, todos nos saludaban al pasar. Me recordaba a las calles de La Habana.

Habíamos caminado más de cuarenta minutos cuando el **pavimento** se terminó, nos encontramos con un camino mucho más pequeño y lodoso, parecía que caminábamos en medio de la selva. Cuando el sol comenzaba a **ocultarse**, vimos pasar a nuestro lado a los chicos de las motocicletas que nos **rodearon** al llegar. Manejaban a toda velocidad, pero al pasar a nuestro lado se tomaron el tiempo para reírse y gritar en un tono burlón: "¡Se los dije!", entonces yo miré a Pierre fijamente sin decir nada.

"¡Lo siento!" respondió **preocupado**.

"Está bien, no te preocupes, sólo creo que deberíamos caminar más rápido, el sol ya se ocultó y no me siento cómodo andando los dos solos por este camino en medio de la selva".

"Entiendo, yo también siento lo mismo, sólo que no quería decir nada para no preocuparte".

"¿Quieres que **corramos** lo más rápido que podamos?"

"Está bien ¡vamos!"

"Uno, dos, ¡tres!"

Corrimos a toda velocidad en lo que parecía una carrera de obstáculos, saltamos **charcos**, rocas, **pilas de hojas** y hasta pequeños animales. Después de quince minutos de carrera, yo casi no podía respirar y comencé a quedarme atrás de Pierre; en sólo minutos lo perdí, intentaba continuar corriendo, pero no podía, mi **tobillo** estaba adolorido de tanto saltar. Empecé a caminar de nuevo, lentamente y casi en total oscuridad, saqué mi teléfono para usar como **linterna**. Comenzaba a preocuparme cuando en la distancia escuché a Pierre gritando mi nombre.

"Acá estoy, Pierre. No puedo correr más".

"Vamos, Peter, un poco más, desde aquí ya veo el pueblo. Ya casi lo logramos".

Escuchar eso me emocionó y comencé a caminar con más velocidad, alcancé a Pierre y unos minutos después nos encontrábamos en el famoso San Basilio. Era realmente un lugar particular, parecía que habíamos salido de la ciudad de Cartagena para llegar a un pequeño poblado africano. Parecía haber mucha **pobreza** en la región, las casas tenían todas una forma especial y **rústica** de construcción, en las calles no había pavimento y había decenas de niños corriendo por ahí. A lo lejos se escuchaba el sonar de cantos y tambores.

Pierre sacó la servilleta con los números de teléfono de su bolso y comenzó a llamar, nadie respondía. **Estábamos en aprietos**.

Caminamos alrededor de la plaza del pueblo, buscando de dónde venía el sonido de los tambores, hasta que llegamos a una pequeña casa. Estaba un hombre viejo con un enorme tambor de piel, al lado un joven con unas maracas y una chica que **entonaba** bellas melodías.

Nos acercamos, pero no quisimos interrumpir el hermoso concierto privado que teníamos para nosotros sólos, así que esperamos a que terminaran de cantar y entonces les dimos un largo **aplauso**, los tres sorprendidos nos miraron con asombro.

"¿De dónde salieron ustedes?" preguntó el señor mayor.

"Perdón, escuchamos su música y tuvimos que detenos a disfrutarla. Además, si no es mucha molestia, me gustaría pedir su ayuda," respondió Pierre.

"¿De qué se trata?"

"Estoy buscando al señor Roberto, un percusionista muy famoso de San Basilio, me gustaría ser su **alumno**".

"Y, ¿por qué quieres ser su alumno?" preguntó de nuevo el viejo.

"Porque creo que es el mejor percusionista del mundo entero".

"Eso yo no lo creo".

"Pero ¿por qué? **¿quién se cree usted?**"

"Porque el señor Roberto soy yo y no creo ser el mejor. Hay que ser **humildes**, muchachito".

Pierre se ruborizó completamente y le **pidió disculpas** al viejo una y otra vez.

"No te preocupes, muchacho, aprecio tu interés. Pasen, ya es muy tarde, quédense para cenar y aquí pueden dormir esta noche".

"No se preocupe, señor Roberto, tenemos una **tienda de campaña**".

"Nada de tiendas de campaña, además ustedes también necesitan un baño y no creo que su tienda tenga ducha".

Nos miramos y nos dimos cuenta de que estábamos completamente llenos de **polvo** y lodo, entonces los dos nos **sonrojamos**, agradecimos al señor Roberto y aceptamos su invitación.

A la mañana siguiente, despertamos con el sonido del tambor. El señor Roberto estaba de nuevo al frente de su casa tocando el tambor, esta vez al amanecer. Pierre se levantó rápidamente a escucharlo, parecía hipnotizado.

"¿Entonces quieres aprender percusiones?" le preguntó.

"Sí, claro, siempre soñé con poder venir aquí para aprender de usted".

"Bueno, es muy importante que sepas que para aprender a tocar bien el tambor tienes que aprender a escuchar tu corazón, eso es lo más importante, nunca sacar de tu oído el sonido del **latido del corazón**".

"Vas a empezar con este tambor, se llama *llamador*, parece el más sencillo, pero a veces es el más difícil".

Pierre tomó el tambor en sus manos y no lo soltó por los próximos siete días.

A mí me encanta la música, pero no me sentía con los **ánimos** de aprender un nuevo instrumento, así que me dediqué a descubrir los alrededores y a escribir.

El señor Roberto vive con su esposa y dos de sus hijos. Su esposa se llama Martha, tiene el cabello largo y negro y siempre usa una trenza, sus ojos son de un color verde profundo. A la señora Martha le gusta mucho la música, pero no sabe tocar las percusiones, su esposo dice que tiene muy buena voz, pero es demasiado tímida como para cantar.

A ella le gusta mucho el trabajo en el campo, como a mi padre. En la parte **trasera** de su casa tiene un gran terreno con árboles de mango y plátano, muchas **verduras** diferentes y frutas exóticas que yo ni siquiera conocía, además de flores de todos los colores. Trabaja la mañana entera cuidando su tierra, **podando** sus plantas y hablando con sus flores.

El señor Roberto y Martha tienen cinco hijos. Los dos mayores viven en Cartagena y el tercero en Bogotá, donde es un **reconocido** percusionista en bandas muy populares en Colombia. Los dos más pequeños viven con ellos en San Basilio; Mariana tiene 13 años, estudia en la escuela secundaria y le gusta mucho bailar, a veces acompaña al grupo de su padre a sus presentaciones y algún día le gustaría ser una bailarina profesional; Santiago tiene 18 y quiere ser boxeador.

Con la familia del señor Roberto me sentí como en casa. Aún extrañaba el pastel de manzana de mi madre, pero podía comer las deliciosas **mermeladas** de mango de la señora Martha, le ayudaba a cuidar sus plantas, aprendí nuevos pasos de baile junto a Mariana e hice deporte junto a Santiago. Viajamos juntos a los pueblos cercanos en bicicleta, nos bañamos en los ríos y **cazamos** conejos para comer. La familia del señor Roberto me mostró que no se necesitaba de muchas posesiones materiales para ser feliz y me hizo recordar cómo extrañaba y amaba la vida en el campo y en familia.

A veces me había preguntado cuánto tiempo realmente podía pasar fuera de casa. Aun cuando me mudé al campus de la universidad, visitaba la casa de mis padres al menos cada quince días, me hacían siempre mucha falta. Estaba perdido en mis reflexiones mientras descansaba en una **hamaca** cuando Pierre se me acercó.

"¡Peter! Como siempre tan **pensativo.** Tengo minutos gritándote y tú no reaccionabas".

"Jaja, perdona ya sabes, a veces no puedo dejar de pensar".

"¡Qué crees! Me acaba de pasar algo increíble".

"¡Cuéntame! ¿Qué ha pasado?"

"El señor Roberto me invitó a tocar con su banda ¡a mí!, ¿puedes creerlo?"

"¡Increíble! Muchas **felicidades**, estoy muy contento por ti".

"Gracias, amigo, yo también estoy muy contento, aún **no lo puedo creer**".

"Y ¿cuándo es su concierto?"

"Este fin de semana, aquí en la plaza principal de Palenque".

"**Asombroso,** no puedo esperar para escucharte. Estoy seguro de que lo harás muy bien, eres muy talentoso y disciplinado".

"Gracias, estoy muy nervioso, pero he estudiado mucho, y **tengo confianza** en que saldrá bien. Y ahora, ¿me vas a contar por qué estás tú tan pensativo?"

"No es nada, no te preocupes. Es sólo que a veces extraño a mi familia y amigos en casa, pero estoy muy feliz aquí con la familia del señor Roberto".

"Entiendo, me da gusto, aunque sé que yo estoy todo el tiempo practicando y te he dejado sólo, lo siento por eso".

"No te preocupes, amigo, **estoy muy orgulloso de ti**".

Los días siguientes, Pierre paso día y noche **practicando**, el pueblo entero se preparaba para una gran fiesta, pues en los meses de octubre y noviembre se celebraba el gran festival de tambores. A lo largo del pueblo se escuchaban por doquier melodías y ritmos contagiosos y en la plaza principal, decenas de jóvenes practicaban coreografías con **vistosos** vestidos; por la casa del señor Roberto entraban y salían músicos y bailarines que iban a pedir su consejo el día entero. Parecía que sería un festejo verdaderamente enorme. Hasta Santiago, el hijo del señor Roberto, participaría en un grupo de baile.

"Anda, Peter, únete al grupo, ninguno de nosotros somos bailarines profesionales, sólo vamos a pasar un buen rato".

"Me da pena, Santiago, yo aprendí algunos pasos en Cuba, pero no soy un buen bailarín".

"¿Por qué no **pruebas**, al menos? Ven conmigo al **ensayo** hoy, ahí puedes ver cómo te sientes, si aún no quieres, yo entiendo, pero estoy seguro de que te vas a divertir".

"Está bien, lo voy a intentar".

Esa misma tarde acompañé a Santiago a su grupo de baile. Sus amigos, aunque no eran profesionales, eran excelentes bailarines. Algunos de ellos usaban vestuario tradicional: vestidos blancos con **pañuelos** rojos en el **cuello,** y hermosos **sombreros** de color blanco y negro. Todos sonreían y disfrutaban mucho de lo que hacían, me sentí mal de no ser un buen bailarín, pero si realmente quiero regresar a Cuba para ver a Daylin, es mejor que continúe practicando, me dije a mi mismo. Así que acepté participar.

Después de una intensa semana de ensayos, llegó el día del festival, las calles enteras se llenaron de colores y no había un solo habitante del pueblo que no estuviera fuera de casa. Las presentaciones de baile y música de los más pequeños comenzaron desde temprano en la mañana; me sorprendió cómo los niños de tan sólo 5 y 6 años tenían tan buen sentido del ritmo y coordinación.

Yo nunca había visto tantos tambores en un mismo lugar en toda mi vida, este festival era realmente único y me sentía **honrado** de poder participar. Cuando llegó el momento de bailar, ni siquiera pensé en lo nervioso que estaba, me dejé llevar por el ritmo y la música y disfruté el show con mis compañeros.

Finalmente llegó el turno de Pierre, quien tocaba con el grupo **estelar,** imaginaba que estaba muy nervioso así que fui a **desearle suerte** antes de empezar su concierto. Cuando comenzaron a tocar el público entero guardó silencio, pero una vez que empezó la música todo el mundo se levantó a bailar, incluyéndome a mí. Eran realmente asombrosos y yo nunca había escuchado a Pierre tocar tan bien. La banda siguió tocando la noche entera, la gente bailando y el cielo se llenó de brillantes **fuegos artificiales.**

Anexo del Capítulo 6:

Resumen:

En búsqueda de un maestro de percusión, Peter y Pierre viajan juntos por la costa de Colombia. Parten sin saber exactamente a dónde van, pero tras atravesar rutas inesperadas finalmente logran llegar a su destino, el pueblo de San Basilio de Palenque. Ahí se encuentran con una cultura muy particular, llena de música y tradiciones. Pierre finalmente encuentra al maestro de percusiones que tanto buscó y Peter pasa un tiempo de tranquilidad y reflexión. Finalmente, ambos son invitados a participar en un festival tradicional de la ciudad en el que Pierre participa como músico con la banda estelar del pueblo y Peter se une inesperadamente a un grupo de baile.

Summary:

Searching for a percussion teacher, Peter and Pierre travel together across the Colombian coast. They leave without knowing exactly where they are going, but after traveling across unexpected routes, they finally reach their destination— the town of San Basilio de Palenque. There they meet with a very particular culture, full of music and traditions. Pierre finally finds the percussion teacher he was looking for and Peter spends a time of relaxation and tranquility. Finally, they are both invited to participate in a traditional festival in the city in which Pierre gets to play with the town's star band and Peter unexpectedly joins a dance group.

Vocabulary

Lentos: Slow
Nubes: Clouds
Predecir: Predict
Apreciar: Appreciate
Jornada: Journey
Lecturas: Readings
Tráfico de esclavos: Slave trading
Vendidos: Sold
Intercambiados: Exchanged
Haciendas: Ranches
Lucha: Fight
Lagunas: Ponds
Plantaciones: Fields
Adolorida: Sore
Señalamiento: Sign
Motocicletas: Motorcycles
Asombro: Surprise
Recto: Straight
Anochecer: Nightfall
Pavimento: Paving
Ocultarse: Go down
Rodearon: Surrounded
Preocupado: Worried
Corramos: Run
Charcos: Puddles
Pilas de hojas: Stacks of leaves
Tobillo: Ankle
Linterna: Flashlight

Pobreza: Poverty
Rústica: Rustic
Estábamos en aprietos: We were in trouble
Entonaba: Sang
Aplauso: Clap
Alumno: Pupil
¿Quién se cree usted?: Who do you think you are?
Humildes: Humble
Pidió disculpas: Apologized
Tienda de campaña: Tent
Polvo: Dust
Sonrojamos: Blushed
Latido del corazón: Heartbeat
Ánimo: In the mood
Trasera: In the back
Verduras: Vegetables
Podando: Trimming
Reconocido: Renowned
Mermeladas: Jams
Cazamos: Hunt
Hamaca: Hammock
Pensativo: Pensive
Felicidades: Congratulations
No lo puedo creer: I can't believe it
Asombroso: Amazing
Tengo confianza: I am

confident

Estoy orgulloso de ti: I am proud of you

Practicando: Rehearsing

Vistosos: Flashy

Pruebas: Try

Ensayo: Rehearsal

Pañuelos: Scarfs

Cuello: Neck

Sombreros: Hats

Honrado: Honored

Estelar: Star

Desearle suerte: Wish him luck

Fuegos artificiales: Fireworks

Preguntas de selección múltiple

Seleccione sólo una respuesta para cada pregunta

1. ¿Qué se lastimó Peter cuando corría para llegar al pueblo de Palenque?

   a) Espalda

   b) Pierna

   c) Tobillo

   d) Cuello

2. ¿A quién buscaban al llegar al pueblo?

   a) Un familiar

   b) Un músico

   c) Un doctor

   d) Un boxeador

3. ¿Dónde durmieron al llegar al pueblo?

   a) En la tienda de campaña

   b) En un hotel

   c) En la casa de Roberto

   d) En la casa de un amigo

4. ¿Qué quiere ser el hijo de Roberto cuando crezca?

   a) Médico

   b) Deportista

   c) Músico

   d) Ingeniero

5. ¿Cómo participó Peter en el festival de San Basilio?

   a) Cantando

b) Pintando

c) Bailando

d) Recitando

Soluciones del Capítulo 6:

1. c

2. b

3. c

4. b

5. c

Capítulo 7:

EL PULMÓN DEL MUNDO

Viajar a la selva amazónica es como visitar otro planeta. Allí parece que la civilización humana termina y **reina** la naturaleza. **Flotar** sobre el río Amazonas es navegar en las **venas** de la tierra... no por nada esta maravillosa selva es llamada el pulmón del mundo. Donde me encuentro ahora, me siento uno con la naturaleza, sin señal de televisión, teléfono, ni siquiera radio, solamente rodeado por **centenares** de árboles, guacamayas, tucanes, garzas, flores que alcanzan casi la altura de un ser humano, **insectos** y lagos de aguas tranquilas que respiran al ritmo de la selva.

En San Basilio de Palenque me despedí de Pierre, quien decidió quedarse en el pueblo para continuar estudiando por un mes más y después regresar a Francia. Después de su concierto, estaba tan emocionado que no podía dejar de tocar ni un sólo minuto y qué mejor lugar para hacerlo que junto al señor Roberto. Me dio tristeza separarme de mi amigo pero me sentía listo para continuar mi viaje sólo. Tras los días de descanso y reflexión en el pueblo de Palenque, decidí que necesitaba un tiempo para estar conmigo mismo así que tomé un vuelo hasta el extremo sur de Colombia a la ciudad de Leticia.

El puerto de Leticia es un lugar muy interesante. **Basta** caminar unos metros para cambiar de país, pues en la ciudad se encuentran las fronteras de Brasil, Colombia y Perú. Es un puerto de **intercambio** muy importante en la región amazónica desde donde se mueven cientos de personas, **productos** y servicios a lo largo del río

Amazonas.

En Leticia pasé una semana entera, pues hay muchas actividades interesantes que realizar. En toda la región, se pueden observar maravillosos y únicos **fenómenos** naturales, por ejemplo, es ahí el único lugar donde crece la *victoria regia*, el lirio de agua más grande del mundo entero. Algunos llegan a medir hasta un metro y están siempre acompañados por una hermosa flor blanca que se abre únicamente por la noche. Es impactante presenciar este espectáculo de la naturaleza al caer el sol, sentado frente al **apacible** lago y disfrutando de las bebidas y alimentos tradicionales de la ciudad, tan llenos de frutas dulces y frescas.

Visité también una pequeña isla en medio del río en la que habitan cientos de simpáticos y traviesos monos. Basta **estirar** la mano con un **pedazo** de fruta para que uno de los pequeños salte sobre ti; les encanta jugar con los turistas y cuando pueden, tomar algo de sus bolsos.

Caminé sobre un **puente colgante** a más de 35 metros de altura y sentí tanta adrenalina que después dormí un día entero. Recorrí la selva y pasé las noches en pequeñas cabañas sobre los árboles, con los monitos que **aullaban** en mi ventana y el sonido de las aves nocturnas **arrullando** mi sueño. Aprendí a disfrutar de mi tiempo en **soledad** y escribí como nunca, hice muchas lecturas interesantes y comencé a interesarme en la **poesía.**

Había salido de casa hacia 4 meses, pero sentía que habían pasado años. Ahora veía las cosas de una forma muy diferente.

Tras mis días de descanso y diversión, había llegado de nuevo la hora de trabajar. En una de mis excursiones conocí a Matías y Verónica, una pareja de argentinos que viajaba por el mundo entero vendiendo artesanías. Vero, como le gustaba que le llamaran, hacía hermosos **collares** de macramé y Matías, quien es un maestro del dibujo y el diseño, hacía pequeñas pinturas en **piedras** exóticas que después Vero colgaba en sus creaciones.

Vero y Matías me contaron que viajarían a la ciudad de Iquitos, del lado de Perú, donde pensaban trabajar como voluntarios en una plantación de **piñas**. Ahí no recibirían un **salario** pero podían dormir y comer a cambio de su trabajo. Además, me dijeron que para quienes hablan inglés y español, como yo, podía haber oportunidades trabajando con los guías que llevaban a los turistas americanos a visitar las **poblaciones indígenas** de los alrededores.

Así que una vez más decidí lanzarme a la aventura con mis nuevos amigos.

La única forma de llegar de Leticia a Iquitos es por barco y toma más de cinco días. Mis amigos estaban preocupados de hacer un viaje tan largo en barco, especialmente Vero, quien se mareaba fácilmente. Yo, que después de mi viaje desde Panamá a Colombia trabajando en el barco de carga me sentía todo un marinero, le dije que no tenía nada de que preocuparse.

"No es tan difícil como parece. Eso sí, el primer día seguro te vas a sentir un poco **desorientada,** pero yo te enseñaré algunas técnicas para que se te pase pronto. Además, navegaremos en un río, las aguas son mucho más **tranquilas**".

"Gracias, Peter. Es solo que nunca en mi vida he viajado en barco, así que estoy un poco nerviosa. Me pasó igual cuando viajé en avión, todos los días tenía **pesadillas** de que mi avión se **estrellaba**".

"¡Menos mal que no tienes poderes psíquicos!"

Los tres reímos y nos preparamos para abordar el barco que nos llevaría hasta nuestro destino. Antes tuvimos que visitar la **oficina de migración** de Colombia para que sellaran nuestro pasaporte y aprovechamos para dar una vuelta por el pueblo para comprar hamacas, pues en el barco las necesitaríamos para dormir. Nos habían dicho que el barco partía a las 11 de la mañana así que a las 10:30 **en punto** ya estábamos esperando en la entrada. Nos pareció **raro** ser los únicos esperando, pero tras unos minutos un joven nos permitió la entrada al barco y nos ayudó a colgar nuestras hamacas.

El primer piso parecía ser solamente de carga; me recordó al barco que me llevó hasta Colombia y me asusté un poco pensando que todo el barco sería así, pero una vez que subimos al segundo piso encontramos un gran salón con una cocina, cafetería, baños y un gran espacio para dormir; en el tercer piso, había una terraza y hasta un pequeño **campo de fútbol.**

Tras recorrer el barco entero, los tres nos recostamos en nuestras hamacas para descansar mientras esperábamos nuestra partida, pero pasó más de una hora y el barco no se movía. Yo estaba entre dormido y despierto cuando Matías me habló.

"Peter, ¿**estás seguro** de que estamos en el barco correcto? Deberíamos de haber salido hace más de una hora pero somos casi los únicos pasajeros y el barco ni siquiera se ha movido".

"Claro, estoy seguro, muelle 5. Mira, aquí lo dicen nuestros boletos, pero si quieres, podemos salir a preguntar qué está pasando".

Estábamos por levantarnos para salir a preguntar cuando un hombre que dormía en la hamaca junto a Matías se puso de pie y nos dijo:

"Muchachos, este barco sale a las 11, pero de la noche".

"¿Qué?" preguntamos los dos al mismo tiempo.

"Sí, se los **juro**, yo hago este viaje **una vez por semana** y siempre sale a las 11 de la noche".

Me sentí como un tonto y estaba muy apenado con Matías y Verónica, pues yo había sido el encargado de comprar los boletos.

"No te preocupes, Peter, tengo una idea," dijo Matías mientras sacaba una bola de **hilos** de su mochila.

"¡Fútbol!" exclamé.

"Claro, vamos a divertirnos mientras esperamos".

Subimos los tres a la **terraza** e invitamos al señor que dormía en la hamaca a unirse. Pasamos horas jugando y riendo y cuando menos lo pensamos el barco estaba lleno y listo para partir. Salimos a las 11 de la noche en punto, y justo tras zarpar, nos sirvieron la cena en nuestras hamacas: un plato con una fruta y un poco de cereal. Era poco, pero tras haber jugado fútbol toda la tarde me moría de hambre y me supo delicioso.

Quedamos fatigados en nuestras hamacas y le dije a Vero, "¿Ves como no estaba tan mal?"

Ella sonrió y regresó a dormir. Yo dormí profundamente por horas y aunque se escuchaban los ruidos de animales por todos lados y el sonido del motor era muy fuerte, me dejé arrullar por las aguas del Amazonas.

Durante los cinco días de viaje en el barco, llegamos a ver decenas de animales que antes yo sólo había visto en la sección de animales exóticos del zoológico, árboles de enorme tamaño y las flores más grandes de toda la selva. Los días fueron largos y transcurrían lentamente pero siempre encontramos cosas que hacer. Organizamos partidos de fútbol entre los pasajeros del piso dos y piso tres, Vero hizo más de 30 collares y **pulseras** durante todo el viaje y hasta me enseñó a mí a hacer pequeñas pulseras. Yo leí y escribí muchísimo, platiqué también con muchos de los **pasajeros** del barco, la mayoría eran de la ciudad de Iquitos. Me contaron sobre la ciudad y sobre su vida y yo después de escuchar sus historias me llenaba de inspiración para escribir.

El tiempo pasó más rápido de lo que esperábamos y finalmente, llegamos a la ciudad de Iquitos. El puerto era una **locura**, personas moviéndose de un lado a otro entre las decenas de barcos que se **amontonaban** junto al puerto. Justo frente a el, había un mercado muy grande en el que se podía encontrar de todo, en su interior vendían hasta animales, incluidos muchos pobres animalitos que eran sacados de la selva ilegalmente. No era un lugar muy **agradable**, así que nos fuimos rápidamente a nuestro hostal.

Iquitos es una de las ciudades más grandes del mundo que no se encuentra conectada por tierra con otra. Es un centro comercial muy importante en la Amazonia y de ahí se puede partir a varios parques nacionales en los que se puede conocer la Amazona **profunda** y visitar muchas de las comunidades nativas amazónicas de Perú. Una de ellas era nuestro destino.

Según me contó Matías, en toda la región amazónica de Perú hay más de 64 tribus aborígenes que hablan más de 15 idiomas y 42 dialectos diferentes. Muchas conservan tradiciones **milenarias** de música, danza y artesanía y viven en completa **armonía** con la naturaleza. La comunidad que visitamos es una de las más grandes y varios amigos de Argentina de Matías habían participado en el mismo programa de voluntariado al que nosotros **acudimos.**

Como la ciudad de Iquitos no llamó mucho nuestra atención, decidimos partir a la comunidad a la mañana siguiente. Tomamos un autobús colectivo y en sólo hora y media nos encontrábamos en medio de la selva en un exuberante parque nacional. Llegamos a la comunidad de San Andrés antes del mediodía y ahí nos recibió Pakarina, una jóven de la comunidad que hablaba perfecto español y además inglés.

"Bienvenidos a la comunidad Bora de San Andrés, ¡welcome!, **supongo** que son voluntarios".

"Si, yo soy Matías y ella es mi novia Veronica. Él es nuestro amigo Peter. Yo soy amigo de Antonio, el argentino que estuvo aquí el **mes pasado**".

"¡Claro! Antonio me habló mucho de ustedes. Es un placer tenerlos aquí, pero… él me dijo que ustedes eran sólo dos".

"Sí, perdona, conocimos a Peter en el viaje y pensamos que no habría problema en que trabajara junto a nosotros".

"Sí, no hay ningún problema, es sólo que no tenemos suficientes camas en la **cabaña**".

"No importa, yo tengo mi hamaca," intervine yo.

"Bueno, si es así, te puedes quedar sólo. Recuerda que es muy importante que conozcas nuestras tradiciones. Nosotros somos de las pocas comunidades de la región que recibimos **visitantes** y es importante para nuestro pueblo mostrar cómo se puede vivir en armonía y **paz** con la naturaleza".

"Claro, Matías ya me ha hablado un poco al respecto, pero yo estoy siempre **dispuesto** e interesado en aprender".

"Perfecto, **acompáñenme** a conocer su campamento. Después pueden descansar un poco y por la noche los llevaré a conocer a los demás voluntarios y miembros de la comunidad con los que van a trabajar".

Pakarina nos llevó por un camino **apenas visible** entre los árboles. Ahí vimos cómo empezaban a aparecer entre el verde de la selva pequeñas cabañas hechas de **palma**, algunas incluso estaban en la copa de pequeños árboles.

"Esta va a ser su habitación durante las próximas semanas," dijo Pakarina mientras removía algunas hojas de palma **secas**.

Entonces nos encontramos con una enorme cabaña sin **paredes** con un par de literas en ella y espacio para dos hamacas. Al fondo había una **tela** colgada de un hilo y un par de cocos secos en el suelo.

"Este es el baño," dijo, refiriéndose a la tela. "Aquí están las camas y el comedor está afuera. Al lado de su palapa hay varios árboles frutales, pueden tomar las frutas que deseen , sólo recuerden, siempre respetando el árbol".

En la comunidad de Pakarina se dedicaban principalmente al **cultivo** de arboles frutales, cocos, mangos, plátanos y papayas. Tras cada cabaña había un gran campo del que cada familia debía hacerse cargo. Además, también había algunos pobladores que se dedicaban a la pesca; del río cercano se sacaban todo tipo de pescados de un sabor delicioso. Eran muy respetados los músicos, artesanos y médicos tradicionales; estos últimos **curaban** cualquier **enfermedad** usando sólo **hierbas** de la selva. Otros jóvenes como Pakarina estaban interesados en el turismo sustentable, algunos se encargaban de recibir voluntarios, otros realizaban paseos por la selva ayudando a los turistas a descubrir los lugares más únicos de la selva y a ver a los animales.

Durante los primeros días Matías, Verónica y yo trabajamos en la plantación de piña. Ahí cuidamos la tierra, **regamos** las frutas y **ahuyentamos** a los animales que se acercaban a intentar comerlas. Nuestro tiempo en la comunidad era muy **entretenido.**

Además de nuestro trabajo, aprendímos muchas cosas con los maestros del poblado. Vero aprendió nuevas técnicas de **tejido** con las que pudo hacer muchos y maravillosos diseños para su artesanía; Matías se acercó al más grande artista del pueblo quien le enseñó a hacer pinturas con hierbas y otros ingredientes de la naturaleza; por mi parte, me hice amigo de Pakarina y de otros jóvenes guías de la comunidad. Para mi era imposible ser **guía turístico** sólo porque no conocía la selva tan bien como ellos, pero tras unas semanas de aprendizaje, poco a poco me familiarizaba más con los **rincones,** los caminos y los **senderos** del gran parque. Hasta que un día, después de acompañar a Pakarina en uno de los paseos, ella me preguntó:

"Peter, tu quieres ser guía ¿verdad?"

"La verdad es que sí, me gusta mucho".

"Y ¿por qué?"

"Al principio tenía la idea en mente como una forma de **ganar** algo de dinero extra pero ahora es diferente. Me gusta la selva, me gusta escuchar las **historias** de la gente mientras caminamos, escuchar su reacciones, platicar con ellos".

"Sí, me he dado cuenta," dijo ella. "¿Qué te parece si tú llevas al grupo de mañana y después me cuentas tu experiencia?"

"¡Me encantaría!"

Y así fue como comenzó mi carrera como guía de turistas en la selva. Pasé un mes entero explorando rincones de la Amazonía que nunca había imaginado conocer. Aprendí muchísimo acerca de la naturaleza y de los miembros de la comunidad y de mis amigos argentinos y entonces, **me di cuenta** de que eso era lo que más me gustaba: aprender y escuchar las historias de los demás para poder después contarlas desde mi voz, desde mis letras. Descubrí que quiero ser **escritor.**

Anexo del Capítulo 7:

Resumen:

Peter viaja desde la costa colombiana hasta la región de la selva amazónica. Ahí toma un tiempo para descansar, visitar la selva y encontrar nuevas aventuras. En la ciudad de Leticia, conoce a una pareja de jóvenes argentinos con quienes parte a la región amazónica de Perú, viajando en un barco por cinco días a lo largo del Amazonas. Al llegar a Perú, parten a un parque nacional donde trabajan como voluntarios en los campos de piña y tras un tiempo en la selva, Peter llega a convertirse en guía turístico y entonces descubre la que cree es su verdadera vocación, ser escritor.

Summary:

Peter travels from the Colombian coast to the Amazonian rainforest region. There he takes some time to rest, visit the jungle and find new adventures. In the city of Leticia, he meets a young Argentinian couple with whom he travels to the Amazonian region of Peru, traveling in a boat for five days along the Amazon River. When they arrive in Peru, they go to a national natural park where they volunteer in the pineapple fields and after some time in the jungle, Peter gets to become a tourist guide and then he finds what he thinks is his true calling, being a writer.

Vocabulary

Reina: Reigns

Flotar: Float

Venas: Veins

Pulmón: Lung

Centenares: Hundreds

Guacamayas: Macaws

Garzas: Herons

Insectos: Insects

Basta: Enough

Intercambio: Trade

Productos: Goods

Fenónemos: phenomenons

Apacible: Peaceful

Estirar: Stretch out

Pedazo: Piece

Puente colgante: Suspension bridge

Aullaban: Howled

Arrullando: Lulling me to sleep

Soledad: Solitude

Poesía: Poetry

Collares: Necklaces

Piedras: Stones

Piñas: Pineapples

Salario: Salary

Poblaciones indígenas: Indigenous populations

Desorientada: Disoriented

Tranquilas: Still

Pesadillas: Nightmares

Estrellaba: Crashed

Oficina de migración: Migration office

En punto: O'clock

Raro: Strange

Campo de fútbol: Soccer field

¿Estás seguro?: Are you sure?

Juro: I swear

Una vez por semana: Once a week

Hilos: Threads

Terraza: Deck

Pulseras: Bracelets

Pasajeros: Passengers

Locura: Craziness

Amontonaban: Crowded together

Ilegalmente: Ilegally

Agradable: Nice

Profundo: Deep

Milenarias: Thousand-year-old

Armonía: Harmony

Acudimos: Attended

Supongo: I guess

Mes pasado: Last month

Cabaña: Cabin

Visitantes: Visitors

Paz: Peace

Dispuesto: Willing

Acompáñenme: Come with me

Apenas visible: Barely visible

Palma: Palm leaves

Secas: Dry

Paredes: Walls

Tela: Cloth

Cultivo: Crop

Curaban: Healed

Enfermedad: Disease

Hierbas: Herbs

Regamos: Watered

Ahuyentamos: Chased away

Entretenido: Entertaining

Tejidos: Weaving

Guía turístico: Tourist Guide

Rincones: Corners

Senderos: Paths

Ganar: Earn

Historias: Stories

Me di cuenta: I realized

Escritor: Writer

Preguntas de selección múltiple

Seleccione sólo una respuesta para cada pregunta

1. ¿Con quién viajo Peter a Leticia?

    a) Pierre

    b) Daylin

    c) Sólo

    d) Dos amigos

2. ¿Cuántas fronteras se encuentran en Leticia?

    a) Cinco

    b) Una

    c) Dos

    d) Tres

3. ¿A qué viajaban Matías y Vero a Iquitos?

    a) Vacacionar

    b) Descansar

    c) Estudiar música

    d) Trabajar como voluntarios

4. ¿Cuánto tiempo tomó el viaje de Leticia a Iquitos?

    a) Una semana

    b) Tres días

    c) Cinco días

    d) Un año

5. ¿Cuál descubrió Peter que es su vocación?

a) Ser guía de turistas

b) Ser escritor

c) Ser profesor

d) Ser activista

Respuestas del Capítulo 7:

1. c

2. d

3. d

4. c

5. b

Capítulo 8:

CARTAS DE LA HABANA

Mirar el mar siempre me recuerda a Peter. Lo imagino en un enorme barco, alejándose de las costas de Cuba con rumbo hacia no sé dónde. Desde que se fue he soñado todos los días con él, me imagino todas sus aventuras, sus paseos por la selva y todas las cosas que a veces me cuenta.

En La Habana llegó el **verano** y el calor se hace cada vez más **insoportable.** Los días son lentos, **sofocantes** y a veces **nublados.** Escuché en la radio que en las próximas semanas tal vez venga un **huracán.** No me gusta cuando llueve mucho porque hay que **encerrarse** todo el día en casa. Mi madre llena todas las ventanas de plástico y **cartón,** movemos todos los **muebles** y parece que estuviésemos dentro de una **cueva.**

En mi casa no hay conexión a internet, de hecho, sólo hay en muy pocos lugares de La Habana. No es común que las personas tengan computadoras en casa, mucho menos conexión. Desde que se fue Peter, yo voy todos los días a la **biblioteca** de la universidad al salir de clases. Mi madre está contenta pues piensa que estoy estudiando más de lo normal, pero mis compañeras de clase están preocupadas pues piensan que me convertí en un **cerebrito.**

"Tu estás muy rara, Daylin," me dijo mi amiga Martha el otro día.

"La rara serás tú," le contesté.

Y desde entonces, dejó de invitarme a comer helado con ella por las tardes; ahora la verdad es que la extraño y tengo pensado pedirle disculpas. Pero entre la escuela de **enfermería**, mis clases de arte y mi hora de las cartas (así le llamé a mi tiempo en la biblioteca escribiéndole a Peter), tengo muy poco tiempo. Esa se había vuelto mi **rutina diaria**, hasta que un día cambió.

Desde que desperté, el día **presagiaba** ser extraño. Cuando me levanté de mi cama, parecía aún ser de noche así que regresé a dormir **plácidamente**. Sentía recién haber cerrado mis ojos cuando me despertó un **fuerte** grito de mi madre.

"Daylin, pero ¿qué haces dormida? Es **tardísimo,** ¿no tienes pensado ir a la escuela o qué?"

"Pero mamá, si apenas desperté y aún es de noche".

"Nada que de noche. Está nublado, nada más. Va a llover por la tarde. Levántate de inmediato y vas a tener e irte sin desayunar".

Me levanté, me **mojé** la cara con agua fría, **cepillé** rápidamente mi cabello y salí corriendo. El próximo autobús no pasaría hasta dentro de 45 minutos más, así que ir en bicicleta hasta la escuela era la opción más rápida. **Pedaleé** a toda velocidad y en sólo 15 minutos ya estaba en la universidad. Me dirigí al salón de clases y por la ventana, desde la distancia, pude ver a la maestra de biología en plena explicación. Me acerqué, esperé el momento adecuado y cuando ella se **dio la vuelta** para escribir en el **pizarrón,** abrí la puerta intentando no hacer ningún ruido y entré **sigilosamente.**

Repentinamente, todas mis compañeras comenzaron a reír y la maestra se volteó.

"¡Daylin! Pero ¿qué haces llegando tan tarde? Además, entrando **a mis espaldas**".

"Perdón, maestra, es que mi despertador se **descompuso**".

"Anda, pasa, pero siéntate ya".

Fui a mi lugar y me senté, confundida. Mi compañera de enfrente volteó rápidamente y me dijo:

"¿No te diste cuenta de que traes **pantuflas**?"

Miré a mis pies y oh, sorpresa, había salido tan a prisa que había olvidado ponerme zapatos. Me sentía en una pesadilla.

Me sonrojé tanto que parecía un tomate, pero intenté **concentrarme** y continuar mis clases normalmente. El día fue largo y **tedioso,** pero al final de las clases ya todos, yo incluida, nos habíamos olvidado de que yo estaba en pantuflas. Decidí continuar mi día con normalidad, con zapatos de dormir y todo. El cielo seguía completamente oscuro y veía como poco a poco cada parte de la ciudad era cubierta por una nube negra. Aunque según la radio no llovería hasta tarde por la noche.

Al terminar mis clases, fui a buscar a Adela, una de mis mejores amigas y compañera de la clase de pintura, pero para mi sorpresa, cuando llegué a su **salón de clases**, ella no estaba ahí. Pregunté a varios de sus **compañeros** pero nadie sabía nada de ella. Llamé a su casa y su madre respondió.

"Hola, señora Lucía," dije. "Estoy buscando a Adela en la escuela, pero no está por ningún lado. ¿Está en casa?"

"Sí, acá está mi niña, pero está muy enferma, no se pudo levantar del dolor de estómago, parece que ayer que fue a comer **helados** con las otras niñas y algo **le cayó mal**".

"**Qué pena,** dígale que lo siento mucho y que espero que se **recupere** pronto".

Colgué el teléfono y no pude evitar pensar que ahí estaba el segundo mal **augurio** del día. *Adela está enferma y no tendré nadie con quién* *platicar en mi clase de pintura.* Pero intenté relajarme, recordé que mi clase de pintura me hace muy feliz y que después de ella, correría hacia la biblioteca a escribirle a Peter y si tenía **suerte**, a leer una más de sus cartas.

Caminé tranquilamente hacia la escuela de arte. En el camino, varios niños se rieron de mis particulares zapatos, pero a mi no me importó. Hacía mucho calor y los **rizos** de mi cabello se **pegaban** sobre mi frente. **Sentí ganas** de ir a la playa y pasar el día frente al mar, pero no lo hice, continué caminando hasta llegar a mi clase.

"Daylin, llegas tarde," dijo mi maestra de pintura apenas cuando crucé la puerta.

"Pero..."

"Nada de peros. Te estamos esperando para comenzar".

No entendía qué estaba pasando, tal vez era sólo que mis pantuflas me traían mala suerte.

"Hoy no vamos a pintar, vamos a trabajar en una nueva técnica. Todo artista debe conocer distintas formas de crear para ser bueno. No es sólo tomar la **brocha** y ya, hay que estudiar y **cultivarse**. Hoy trabajaremos la técnica de los pasteles y quiero que sean creativos, dibujen lo que surja en este momento de su imaginación," dijo mi maestra mientras yo me acomodaba en la silla.

Saqué los cuadernos de dibujo de mi bolsa y de nuevo me decidí a intentar disfrutar de mi día, a pesar de las **adversidades**. Me concentré, cerré los ojos y comencé a dibujar sin pensar nada. Dibujé el mar que tanto **añoraba** esa tarde de calor y un pequeño barco que se acercaba a la costa; en mi mente, dentro de ese barco viajaba Peter, que regresaba a bailar de nuevo conmigo en las salas de baile de La Habana. Estaba a punto de terminar mi obra cuando mi maestra se acercó a mí y preguntó.

"Daylin, ¿estás enamorada?"

"¿Por qué lo pregunta, maestra?"

"Tengo bueno ojo y yo también me enamoraba mucho cuando era joven como tú. Yo lo puedo ver en la forma en la que pintas".

Me sonrojé y respondí, "Puede que tenga razón, maestra".

"Pues ten cuidado. Muy pocos hombres en este mundo son de **fiar**, no te enamores fácilmente".

"Está bien maestra, lo tendré en cuenta".

Terminé mi clase con un bello dibujo en mano y preguntándome qué más **depararía** para mi este extraño día. En el momento en que salí de la escuela de arte me **percaté** de que había olvidado mi bicicleta en la universidad, por eso había llegado tarde a mi clase de pintura y ni siquiera me había dado cuenta.

Me resigné a caminar hasta la biblioteca y de regreso a casa, total, podía recoger mi bicicleta después en la universidad. Caminé con emoción porque al fin había llegado el momento más esperado de mi día, pero bastó dar la vuelta en la esquina para saber que mi día sería aún peor de lo que esperaba. Una enorme nube negra que se posaba sobre mi comenzó a lanzar **rayos** anunciando la llegada **anticipada** de la lluvia. Corrí lo más rápido que pude, pero no pude evitar que mi dibujo se mojara completamente y se **arruinara**. ¡Qué día! Sólo quedaba llegar a la biblioteca para que tan **agobiante** paseo al menos valiera la pena, pero mi día terminó por ser uno de los peores de mi vida cuando al llegar a la puerta de la biblioteca, me encontré con un letrero que decía "**Cerrada hasta nuevo aviso**". No lo podía creer.

Regresé a casa, sin bicicleta, con una pintura arruinada, con mi ropa mojada y sin saber hasta cuando podría hablar de nuevo con Peter.

Pasaron diez largos días en los que diariamente visité la biblioteca al salir de la universidad, pero cada día fue lo mismo: "Cerrada hasta nuevo aviso". Comenzaba a sentirme triste y desesperada. Algunas noches no podía dormir pensando: ¿será que ya no debo hablar más con Peter? ¿Será todo esto una señal de los orishas? De verdad comenzaba a creerlo, pues todo parecía estar **en contra** de que continuáramos nuestra historia de amor a distancia y pensé que tal vez era el momento de que me olvidara de él. Pero no podía tomar esa decisión yo sola, necesitaba platicar, así que llamé a Adela para hablarlo con ella.

"Adela, tengo algo muy importante de que hablarte. Nos podemos ver después de clase, tomamos un helado y platicamos después, ¿te parece?"

"Sí, claro, pero me preocupas, ¿qué es eso tan importante que me tienes que decir? Ya decía yo que te habías estado **comportando** rara estos últimos días. Dime la verdad ¿estás **embarazada**?"

"¡No! Para nada, pero ¡qué pregunta es esa! No te preocupes, no es nada **grave**, sólo necesito hablar con alguien".

"Bueno, te veo después de clase".

Justo al terminar las clases, fui a esperarla frente a su salón. Ella me vio y dijo: "Pero vaya que tienes prisa, no puedo esperar para saber lo que me tienes que contar".

"Sí, vamos".

Caminamos hacia nuestra plaza favorita, ese día no llovió, el cielo estaba lindo y despejado, era el día ideal para comer un helado de mango y tomar decisiones importantes.

"Adela, hace diez días que no habló con Peter," dije sin más.

"Cuéntame, ¿por qué? También te recuerdo que hace muchos días que no hablas conmigo fuera de la clase de pintura, todo por ir a la biblioteca a hablar con ese gringo, así que espero que tengas una buena explicación. ¿Te pidió él que dejaran de hablar? Porque si es así, está bien, tú eres muy linda, no necesitas **sufrir** por nadie, menos por él".

"Espera, espera, Adela, te cuento. Él no me ha dicho nada, de hecho, no sé nada de él, pero creo que es el destino que no quiere que estemos juntos".

"¿Cómo es eso? ¿Cuándo te dijo eso el **destino**?"

"Hace diez días exactamente. Tuve un día horrible y después la biblioteca estaba cerrada. Seguí yendo día tras día para escribirle, pero siempre igual, cerrada. Además, ese día llovió muchísimo, lo tomé como un **presagio**".

"Tienes razón, es un poco raro, pero ¿por qué no buscas otro lugar más donde haya computadora e internet? Ya sabes que hay otras bibliotecas, otros lugares..."

"Porque estoy intentando escuchar al destino, si la biblioteca no abre de nuevo, creo que ya no debo buscarlo más".

"Interesante... pero te tengo que decir, estás un poco loca, aunque te apoyo en tus teorías sobre el destino. Tal vez tienes razón y sí es una **señal**".

"Así es, creo que sí sentí que era una señal para ya no hablar más con él. Debo esperar también una señal para hacerlo y si no llega, se terminó".

"Tienes mi **apoyo**, amiga".

Los días siguientes fueron difíciles. Pensaba en Peter todos los días, pero seguía mi vida con tranquilidad. Volví a hablar con todas mis amigas a las que había abandonado por correr a la biblioteca cada día, mejoré en mis técnicas de pintura, mis **calificaciones** en la escuela se volvieron mejores y comencé a **realizar** nuevas actividades.

Por la semana de la cultura en la universidad, tuvimos una feria internacional artística, ahí me quedé maravillada con los bailarines argentinos y el tango. Me pareció una forma de baile muy diferente a la nuestra, pero tan llena de emoción y ritmo que decidí ir a una clase de tango junto con todas mis amigas. Practicamos diariamente después de clases. Al terminar, yo corría a mis clases de pintura y después a casa a cenar con mamá. Así llené mis días de actividades y poco a poco dejé de pensar en Peter.

Había pasado casi un mes desde que dejamos de hablar. Yo dejé de ir a la biblioteca, pero por **rumores** escuché que aún permanecía cerrada; al parecer, tras las intensas lluvias, el agua se había **colado** por las pareces y mojó muchos de los libros y también las computadoras, así que seguía sin internet. La última vez que recibí un mensaje de Peter, él acababa de llegar a la Amazonia colombiana, escribía mucho y estaba siempre ocupado, tal vez él también se había olvidado ya de mi.

El tango se había convertido en mi nueva pasión y yo soñaba con viajar igual que Peter. Quería alguna vez visitar Argentina para ver los grandes ballets de tango con música en vivo. Sorpresivamente, no pasaría mucho para que eso pasara.

Al llegar a clase, una tarde como cualquier otra, mi maestra nos **reunió** a todas y dijo:

"Tengo una increíble noticia para ustedes. Hemos sido invitadas a una reunión internacional de tango en Buenos Aires. El gobierno de Argentina va a otorgar una **beca** a las cinco mejores estudiantes de esta clase para que puedan asistir. Sé que la mayoría de ustedes aún son principiantes, pero son muy talentosas y estoy segura de que esta será una experiencia que para algunas de ustedes cambiará su vida".

"Maestra, pero ¿cuándo van a elegir?, ¿cómo?, ¿cuánto tiempo tenemos para prepararnos?" se levantaron las voces de todas las estudiantes, generando un gran **murmullo.**

"Hablaremos de eso mañana. Por ahora, sigan practicando," dijo la maestra mientras todas comenzamos a gritar y hablar con emoción.

"¿Te imaginas, Daylin? ¿Que vayamos nosotras juntas hasta Argentina? ¡Qué emocionante!"

"Adela, justo ayer estaba pensando en eso, tengo un buen **presentimiento**, creo que eso fue una señal".

"Bueno tu y tus señales. Ya me estás asustando... pero sí, yo estoy segura de que iremos".

Salí a casa en mi bicicleta a toda velocidad, por el camino fui pensando en el viaje a Buenos Aires, en todos los bailarines que conoceríamos, en todo lo que bailaríamos, en todas las empanadas argentinas que comeríamos. Estaba muy emocionada.

Cuando llegué a casa, me asombró encontrar una gran cantidad de **cartas** bajo la puerta. Abrí con cuidado y las recogí una por una. Me sorprendió aún más saber que todas y cada una de ellas eran de Peter para mí. Las comencé a abrir en orden de **fecha.**

"Querida Daylin, hace ya una semana que no sé nada de ti. No sé qué sucede, espero que las lluvias y **tormentas** que estuvieron afectando el Caribe no hayan afectado a La Habana. Intenté estar informado a través de las noticias, siempre pensando en que tú y tu familia estuvieran bien. Esperé tu correo por días, pero al no recibirlo, decidí enviarte una carta. Pensé siempre en la posibilidad de que tu correo electrónico haya sido **robado** o que dejaras de tener acceso a internet, en fin, me he preguntado mucho el porqué de la **ausencia** de tus cartas, pero he decidido escribirte todos los días hasta saber de nuevo de ti. Espero leerte pronto, te pienso todos los días y espero que todo vaya bien. Abrazos, Peter".

"Querida Daylin, los días son más largos sin saber de ti. La selva me encanta, amo escribir en silencio con sólo el ruido de las aves y el viento, pero tú siempre estás en mis **pensamientos**..."

"Querida Daylin..."

Querida Daylin... había más de 20 cartas, una por cada día que pasó desde que decidí no escribirle más a Peter. Me senté y las leí todas, una a una, pero fue la última la que más me **impactó**, en ella estaba la señal que había estado esperando.

"Querida Daylin, en unos días parto a Buenos Aires con mis amigos Matías y Verónica. Esta es la última carta que te escribo, entiendo si no quieres saber más de mí, estoy lejos y ni siquiera puedo asegurarte cuándo volveremos a vernos. Entiendo que esa no es una situación ideal para nadie y tomaré tu silencio como una despedida".

No podía ser posible, justo el día que mi maestra del baile nos habló sobre el viaje a Argentina, Peter me dice que viajaba hacia allá. Tenía que hablar con él en ese mismo instante. Tomé mi bicicleta y me **apresuré** a la biblioteca a toda velocidad, esta vez en la puerta no había ningún letrero. Entré y las computadoras estaban de nuevo **en funcionamiento**. En el mismo lugar de siempre, me senté y escribí:

"Querido Peter, perdona mi ausencia. Tuve problemas de internet y después de decisión, pero ahora estoy de regreso. ¿Nos vemos en Buenos Aires?"

Anexo del Capítulo 8:

Resumen:

Daylin vive días melancólicos tras la partida de Peter, con quien, sin embargo, continúa en comunicación por correo electrónico casi diariamente, dejando de lado muchas de sus responsabilidades y a algunas de sus amigas. Un día, la suerte juega en su contra y le hace imposible escribirle a Peter. Un evento desafortunado hace que esta situación continúe por días, haciendo que Daylin piense que se trata de un mensaje del destino que le trata de decir que ya debe olvidarse de Peter. tras consultarlo con su mejor amiga, Adela, así decide hacerlo hasta encontrar una nueva señal que la haga volver a ponerse en contacto con él. Daylin decide olvidar a su amor de verano y regresa a vivir su vida con normalidad. se dedica por completo a sus actividades escolares y descubre una nueva pasión: la danza argentina. Daylin se apasiona por el tango e invierte todo su tiempo y energía en él. Un día, su maestra de tango les da una buena noticia: cinco estudiantes elegidas podrán viajar a Buenos Aires, Argentina, a una convención internacional de tango. Ese mismo día, al regresar a casa, Daylin se encuentra con una sorpresa, numerosas cartas de Peter en las que le cuenta su día a día y su tristeza por no recibir más sus mensajes. Finalmente, se despide tras más de veinte cartas, le dice que está por viajar a Buenos Aires y Daylin lo toma como la señal que esperaba para volver a ponerse en contacto con él.

Summary:

Daylin lives her days in melancholic state after Peter leaves. However, she continues exchanging messages with him by email almost every day, leaving aside many of her responsibilities and some of her friends. One day, luck plays against her and makes it impossible for her to write to Peter. An unfortunate event makes this situation last for days, making Daylin believe that it is a message from fate trying to tell her to forget about Peter. After talking about it with her best friend, Adela, she decides to do so until finding a new sign to make her believe she should get in touch with him again. Daylin decides to forget her summer love and get back to her normal life. She dedicates herself completely to her school activities and finds a new passion: the Argentinian dance. Daylin becomes passionate about tango and invests all her time and energy on it. One day her tango teacher gives her and her friends some good news: five chosen students will travel to Buenos Aires, Argentina, to an international tango convention. That same day when she gets back home, she finds a surprise: numerous letters from Peter in which he tells her about his day activities and his sadness about not receiving her messages anymore. When he finally says goodbye after more than 20 letters, he tells Daylin that he is about to travel to Buenos Aires and she takes it as the sign she was waiting for to get back in touch with him.

Vocabulary

Verano: Summer

Insoportable: Unbearable

Sofocantes: Suffocating

Nublados: Cloudy

Huracán: Hurricane

Encerrarse: Shut down

Cartón: Cardboard

Muebles: Furniture

Cueva: Cave

Biblioteca: Library

Cerebrito: Nerd

Enfermería: Nursery

Rutina diaria: Daily routine

Presagiaba: Forebode

Plácidamente: Peacefully

Fuerte: Loud

Tardísimo: Very late

Mojé: Dampened

Cepillé: Brushed

Padaleé: Pedaled

Dio la vuelta: Turned around

Pizarrón: Board

Sigilosamente: Stealthily

A mis espaldas: Behind my back

Descompuso: Stopped working

Pantuflas: Slippers

Concentrarme: Focus

Tedioso: Tiresome

Salón de clases: Classroom

Compañeros: Classmates

Helados: Ice cream

Cayó mal: Made her stomach upset

Qué pena: That is too bad

Recupere: Gets better

Augurio: Omen

Suerte: Luck

Rizos: Curls

Pegaban: Stuck

Sentí ganas: I felt like

Brocha: Brush

Cultivarse: Develop yourself

Adversidades: Difficulties

Añoraba: Longed for

¿Estás enamorada?: Are you in love?

Fiar: Trustworthy

Depararía: Would hold

Percaté: Noticed

Rayos: Lightning

Anticipada: In advance

Arruinara: Becoming ruined

Agobiante: Stifling

Cerrada hasta nuevo aviso: Closed until further notice

En contra: Against

Comportando: Acting
Embarazada: Pregnant
Grave: Serious
Sufrir: To suffer
Destino: Fate
Presagio: Omen
Señal: Sign
Apoyo: Support
Calificaciones: Grades
Realizar: Carry out
Rumores: Gossips
Colado: Leaked
Reunió: Gathered

Beca: Scholarship
Murmullo: Buzz
Presentimiento: Gut feeling
Cartas: Letters
Fecha: Date
Tormentas: Storms
Robado: Stolen
Ausencia: Absence
Pensamientos: Thoughts
Impactó: Shocked
Apresuré: Hurried
En funcionamiento: In
working order

Preguntas de selección múltiple

Seleccione sólo una respuesta para cada pregunta

1. ¿De qué es la clase que Daylin toma después de la universidad?

   a) Canto

   b) Manualidades

   c) Pintura

   d) Cocina

2. ¿Desde dónde le escribía Daylin a Peter?

   a) Su casa

   b) Su escuela

   c) La biblioteca

   d) Un café

3. ¿Por qué dejaron de funcionar las computadoras de la biblioteca?

   a) Un terremoto

   b) Las lluvias

   c) El calor

   d) Un accidente

4. ¿En qué descubrió Daylin su nueva pasión?

   a) La enfermería

   b) El baile

   c) La pintura

   d) La cocina

5. ¿Desde dónde le escribía Peter a Daylin sus cartas?

a) La selva

b) La ciudad

c) La playa

d) El mercado

Soluciones del Capítulo 8:

1. c

2. c

3. b

4. b

5. a

Capítulo 9:

CAMINOS CRUZADOS

Peter en Buenos Aires

Buenos Aires es una ciudad **fascinante.** Sus grandes **avenidas** me recuerdan a las ciudades de las películas europeas de los años 60, su comida es deliciosa y su gente intersante, pero lo más **cautivante** de ella son sus sonidos y su baile. Sus habitantes bailan al ritmo del tango que suena por cada esquina de la ciudad, bajo una nube de olor a mate y tabaco.

Llegué a Buenos Aires hace sólo unos días, pero la ciudad inmediatamente me atrapó. Debo admitirlo: el cambio del silencio de la selva a la gran ciudad fue complicado al principio. Las primeras dos noches no pude dormir, me faltaba el arrullo del viento y las aves para descansar. En su lugar, tenía los **cláxones** y el ruido nocturno de la ciudad; fue difícil pero la cultura y vida de Buenos Aires podían hacerte superar todo.

Tras concluir mi **entrenamiento** como guía en la Amazonía, decidí alcanzar a Matías y Vero en la ciudad. Me habían hablado maravillas de ella y de su gran oferta cultural, lo que me pareció una excelente opción. Además, con mi creciente interés en escribir, estaba seguro de que sería un lugar que me inspiraría, pues no en **vano** algunos de los más grandes escritores de Latinoamérica habían vivido ahí.

Estaba contento de volver a ver a mis amigos, aunque aún sentía una profunda **tristeza** por la ausencia de Daylin. Pasé días y noches enteras preguntándome por qué había dejado de escribirme así **de repente**. Un día, recibo un mensaje suyo contándome lo mucho que piensa en mí, lo mucho que ansía volverme a ver y después... nada, desaparece completamente sin responder a ninguno de mis correos ni mis cartas. Sólo esperaba que estuviera bien y guardaba su recuerdo con **cariño** en mi corazón, pero ahora estaba listo para **seguir adelante**.

"Peter, ¿ya has terminado de escribir?" me preguntó repentinamente Matías.

"Sí, Matías, justo estaba terminando, ¿qué pasa?"

"Quería saber si querías salir a dar un paseo conmigo esta tarde. Has estado aquí ya tres días y Vero y yo hemos tenido poco tiempo para ti. Lo siento, tuvimos unos días muy ocupados organizando nuestras actividades al regresar de Perú, pero hoy te quiero compensar".

"No te preocupes, Matías, entiendo. Pero claro, me gustaría mucho ir a dar un paseo contigo. ¿A dónde vamos?"

"Es una sorpresa".

"Excelente, me encantan las sorpresas".

Salimos de casa de Matías y tomamos el metro. Al salir de él, nos encontramos con un barrio muy lindo que yo ya había visitado antes pero que ese día se veía totalmente diferente.

"¿Qué pasa hoy, Matías? ¿Hay alguna celebración especial? El barrio se ve increíble".

"La celebración es que es fin de semana. Así son los **domingos** en San Telmo. Bonito ¿no?"

"Es increíble".

Las calles del pintoresco barrio estaban llenas de tiendas de artesanía, músicos y bailarines que se reunían alrededor de una hermosa plaza formando un gran corazón artístico. Nos detuvimos en una pequeña plaza donde tocaba un grupo de jóvenes. Con un **acordeón**, un violín y un **contrabajo** creaban melodías hipnotizantes y **poderosas**; a su lado, decenas de parejas bailaban **cadenciosamente**, observé **anonadado**. Caminamos una calle más y nos encontramos con decenas de pintores, algunos dibujando paisajes y otros haciendo **caricaturas** de los turistas.

"¿Sabes por qué te traje aquí?"

"¡Porque es muy lindo!"

"Sí, claro, pero también por algo más. Me siento muy contento de que hayas encontrado lo que quieres hacer, es muy **inspirador**. Además, Vero me mostró algunos de tus textos y yo creo que puedes llegar a ser un muy buen escritor, así que te traje aquí para que te inspires. En este barrio es donde vivieron algunos de los más grandes escritores del país. Hay arte por todos lados, imaginé que te gustaría".

"Pues, tenías razón, me encanta".

"Bueno, ahora vamos a la parte más interesante".

Caminamos por una calle estrecha y llegamos a un pequeño local. Parecía ser un restaurante con una decoración muy particular: había figuras religiosas por todos lados y en una pared una gran cabeza de **toro disecada**; las mesas de **madera** estaban cubiertas de dibujos hechos por los **clientes** y los **meseros** tenían uniformes muy elegantes que **contrastaban** con el estilo **desarreglado** del lugar.

"Este es el más famoso bar de escritores de Buenos Aires. Más de la mitad de las personas que ves aquí son escritores, además, sirven las mejores empanadas de todo el barrio".

"Muchas gracias por traerme aquí, Matías, este lugar es tan **excéntrico** como inspirador".

"Es un placer, amigo, ya un día tú me mostrarás los lugares más **particulares** del pueblo de tus padres del que tanto has hablado".

"**Sería un gran gusto**".

Entonces, Matías ordenó **dos** copas de **vino tinto** y cuatro empanadas; las empanadas argentinas habían sido mi **descubrimiento culinario** favorito más reciente. Me encantaban las de **queso con pasas** y las de carne, y combinadas con el vino tinto eran una delicia.

Tras un día lleno de comida, música e inspiración llegamos a casa fatigados. Estaba por quedarme dormido en el **sillón** cuando Matías me dijo:

"Y ahora la última sorpresa de la noche. Por fin tenemos un cuarto libre para que te puedas quedar cómodamente. Hoy el **arrendador** nos trajo la llave, pasa, es aquí".

Matías me mostró un enorme cuarto con un **ventanal** que daba hacía una plaza llena de árboles, mi nueva habitación, y esa noche dormí tan bien como durante los días en la selva.

A la mañana siguiente, desperté completamente relajado y feliz de por fin tener un lugar para mi mismo. Podría **acomodar** mi ropa en los cajones y hasta tendría mi propio escritorio. Saqué mi computadora de la mochila y la puse en el escritorio junto a mi libreta. Entonces, me senté, decidido a escribir, pues había decidido aprovechar mis últimas semanas de viaje para escribir sobre Buenos Aires. Sin embargo, al abrir mi correo electrónico me encontré con una **inesperada** sorpresa, un mensaje de Daylin.

"¿Nos vemos en Buenos Aires?" escribía al final de su correo. Me quedé mudo por un segundo, ni siquiera sabía que responder, era tan inesperado, pero al pasar mi shock, respondí: "No sabes lo feliz que me haría".

Daylin (con la mente en) Buenos Aires

Después de días de agonía, por fin había recibido respuesta de Peter. Fue muy breve y sin preguntas ni explicaciones y me hizo quedarme sin palabras por unos minutos, pero tras recuperar el aire, respondí de regreso. "A mi también, en unos días espero confirmarte la feliz noticia".

Salí a mi clase de danza en mi bicicleta **como siempre**. Esta vez llegué más temprano que usualmente, creo que por tanta emoción pedaleé más rápido que nunca. Fui la primera en llegar a la clase pero mi maestra ya estaba ahí.

"Bienvenida, Daylin, **qué gusto** verte tan temprano, ¿has llegado antes para practicar?"

"Emm sí, maestra, exactamente".

"Bueno, podemos aprovechar que estamos solas y yo puedo ayudarte con las cosas con las que sientas alguna dificultad".

"Por favor, maestra".

Y fue así como, durante los siguientes cinco días, continué llegando cuarenta minutos antes de cada clase. Tal vez era una señal. Faltaban sólo siete días para que se eligieran a las cinco mejores estudiantes que viajarían a la convención de baile en Argentina. Yo quería ir más que nada en el mundo, así que dejé algunos días de asistir a mi clase de pintura, también olvidé hacer algunas de mis **tareas** de la universidad, algunos días hasta olvidé comer, todo por practicar el mayor tiempo posible.

Estaba tan ocupada intentando ser la mejor bailarina que hasta me había olvidado de escribirle a Peter y entonces decidí que lo haría hasta que estuviera segura de poder verlo en Buenos Aires.

El gran día se acercaba y yo estaba cada vez más nerviosa, así que tuve que reunirme con Adela para una sesión de conversación entre amigas.

"Daylin, tú me estás preocupando. Está bien que quieras ir a ese viaje, pero creo que estás **exagerando,** parece que no has comido en días".

"No exageres, claro que he comido. Pero sí, estoy muy cansada, ayer dormí muy poco".

"Bueno, te propongo algo. Faltan dos días para la selección, mañana no vamos a ir a la escuela, no vas a ir a la clase de pintura ni a la clase de danza, nos vamos a tomar el día sólo para descansar".

"No puedo hacer eso, tenemos que ir a la clase de baile".

"Ya practicamos demasiado. Tú más que nadie, en un día de clase no aprenderemos nada nuevo y tampoco **perderemos** nada, así que vámonos a la playa a Varadero, hace mucho tiempo que no vamos juntas".

"Está bien, tienes razón, tengo que recuperarme y tal vez así pueda bailar aún mejor".

A la mañana siguiente, salí de casa tal como si fuera a la escuela, con todos mis libros en la bolsa y en mi bicicleta, para no levantar **sospechas** en mi madre, pero al fondo de mi bolso llevaba también mi traje de baño, lentes de sol y sandalias. Fuí en mi bicicleta hasta la **parada del autobús** y ahí la dejé **estacionada.** Una calle más adelante estaba Adela esperándome.

"Ven acá que nos vamos en auto," me gritó desde el otro lado de la calle.

"¿Cómo en auto?"

"Así es. **Soborné** a mi hermano para que usara él hoy mi bicicleta y me **prestara** el auto, ¡vente!"

"Vaya, tú sí que sabes planear un día en la playa," le dije mientras veía que la parte trasera de su auto estaba repleta de toallas, **sombrillas** para el sol y una **hielera** con bebidas frescas.

Viajamos hacia Varadero por la mañana, el día era perfectamente soleado, corría el viento fresco y el olor a mar me hacía sentir muy relajada. Pasamos el día entero tomando el sol, bebiendo agua de coco, nadando en el mar, descansando sobre la arena y platicando. Yo me quedé dormida más de una hora bajo una de las sombrillas de sol que Adela había llevado y sentí como poco a poco comenzaba a recuperar mis energías.

Cerca del mediodía, escuchamos música salir desde uno de los bares de playa frente al mar y nos acercamos a ver. Había una banda de salsa tocando, y a pesar de que era muy temprano, había mucha gente en la pista de baile. Adela y yo nos acercamos y bailamos por horas. Una vez que comenzaba a caer la tarde volvimos a casa tranquilas y felices.

Esa noche dormí con total tranquilidad y no pensé ni una sóla vez en que el **concurso** de selección sería al día siguiente.

En la mañana, desperté pensando en Buenos Aires y en la música y el baile, no en el estrés de la **competencia.** Me sentía lista para dar lo mejor de mí y aceptar lo que sea que sucediera. Ese día, el salón de baile me pareció más grande que nunca, aún no sabíamos cómo sería el proceso de selección, así que debíamos estar listas para todo. La maestra nos sentó a todas en círculo y se **paró** en el centro.

"Chicas, es un gusto verlas hoy emocionadas y listas para bailar. Recuerden, esto no es una competencia, yo confío en el talento y el trabajo de todas y cada una de ustedes. Desafortunadamente, tenemos **recursos limitados** y en esta ocasión sólo podremos ir una pequeña parte del grupo, pero si no son seleccionadas no se **desanimen**, ya habrá más oportunidades como esta. Ahora, lo que quiero que hagamos hoy es diferente a lo que hacemos en otras clases. No quiero que repitan las rutinas de baile que practicamos todos los días. Quiero ver su capacidad de improvisar, de ser creativas y de **sentir** la danza, así que cada una pasará al centro de este círculo y bailará lo que sea que se le venga en mente con la música que usamos normalmente en las clases. ¿Están listas?"

"Sí," respondieron algunas chicas inmediatamente, mientras otras como Adela y yo nos quedamos en silencio, intentando procesar y pensar en lo que debíamos hacer.

"Bueno, comencemos," concluyó la maestra mientras **encendía** la música.

Mis compañeras comenzaron a pasar una por una, y de repente, yo me empecé a sentir nerviosa. Respiré profundamente e intenté pensar en la playa, en el mar, en la música. Cuando fue mi turno de pasar, estaba de nuevo tranquila. Bailé sin pensar, sin ningún plan, sólo sintiendo la música, y cuando terminé, mis compañeras aplaudieron. Entonces abrí los ojos y me sonrojé.

"¡Excelente! Todas lo hicieron muy bien, estoy muy **orgullosa** de ustedes. Ahora llegó el momento de elegir y no seré yo quien lo haga, serán ustedes mismas. Quiero que tomen un **pedazo de papel** y escriban el nombre de la compañera que crean que fue la más creativa y la mejor bailarina y que crean que **merezca** ir a este viaje".

La maestra tomó todos los papeles con nuestros **votos** y salió del salón de clase. Todas nos miramos las unas a las otras, nerviosas por unos minutos hasta que ella volvió a entrar y dijo:

"Adriana, Perla, Adela, Mariana y Daylin, muchas felicidades, en dos días nos vamos a Buenos aires".

Yo escuché los nombres de mis compañeras y cuando finalmente me nombraron me quedé **paralizada**, hasta que Adela se levantó de un salto y me dio un gran abrazo.

"¡Nos vamos a Argentina!"

Yo corrí en ese momento a la biblioteca y le escribí a Peter "Llego a Buenos Aires en dos días".

Regresé a casa y mi madre me hizo una gran cena para festejar. No podía estar más contenta.

Anexo del Capítulo 9:

Resumen:

Peter descubre, gracias a sus amigos Matías y Vero, la ciudad de Buenos Aires. Se maravilla con su grandeza, arquitectura y cultura. Un domingo, su amigo Matías lo lleva de paseo por uno de los barrios más pintorescos y culturales de la ciudad. Ahí encuentran artistas callejeros, artesanos, músicos y bailarines por todos lados. Entonces, su amigo le muestra un legendario bar del barrio donde se reunen los escritores de la ciudad. Ahí, Peter encuentra una gran inspiración y conforme se acerca el fin de su viaje, decide aprovechar sus últimas semanas fuera de casa para escribir sobre Buenos Aires, pero entonces se encuentra con una sorpresa: Daylin le escribe y le dice que estará en la ciudad. Tras recibir la respuesta de Peter, Daylin está decidida a ser seleccionada para ir a la convención de baile, entrena día y noche, hasta olvidar muchas de sus responsabilidades y fatigarse completamente. Al verla tan estresada, su amiga Adela le propone realizar un viaje juntas y tomarse el día libre antes de la selección. Las amigas viajan juntas a la playa de Varadero, ahí tienen un día de descanso, relajación y finalmente también de baile. Daylin encuentra en ello la calma para bailar sin preocupaciones. El día de la audición, les sorprende saber que ninguna de las rutinas de baile que practicaron antes serán tomadas en cuenta para su audición sino que tendrán que improvisar y votar ellas mismas para elegir a las ganadoras. Finalmente, Daylin y su amiga Adela son seleccionadas para viajar a Buenos Aires, donde Daylin se encontrará con Peter.

Summary:

Peter discovers the city of Buenos Aires thanks to his friends Matías and Vero. He is amazed by its size, architecture and culture. One

Sunday, his friend Matias takes him on a walk to one of the most picturesque and cultural quarters of the city. There they see street artists, artisans, musicians and dancers everywhere. Then his friend shows him a legendary bar of the neighbourhood where the city's writers meet. There Peter finds a great inspiration and as the end of his trip comes, he decides to take his last weeks away from home to write about Buenos Aires but then he meets with a surprise: Daylin who sends a message saying she will be in the city. After getting Peter's reply, Daylin is selected to go to the dance convention, and she trains day and night until forgetting about many of her responsibilities until getting completely overwhelmed and tired. After seeing her so stressed, her friend Adela invites her to make a short trip together and take the day off before the selection. The pair of friends travel together to Varadero beach. There they have a day of rest, relaxation and finally also of dance. Daylin finds in that the calm to dance without pressure. On the day of the audition, they meet with the surprise that none of the dance routine they had been practicing will be evaluated for their audition but that they will have to improvise and vote themselves to find the winners. Finally, Daylin and her friend Adela are chosen to travel to Buenos Aires where Daylin will meet with Peter.

Vocabulary

Fascinante: Fascinating

Avenidas: Avenues

Cautivante: Captivating

Cláxones: Horns

Superar: Overcome

Entrenamiento: Training

Creciente: Growing

Vano: Vain

Tristeza: Sadness

De repente: Suddenly

Cariño: Affection

Seguir adelante: Move on

Domingos: Sundays

Acordeón: Accordion

Contrabajo: Double bass

Poderosas: Powerful

Cadenciosamente: Rhythmically

Anonadado: Stunned

Caricaturas: Cartoons

Inspirador: Inspiring

Toro: Bull

Disecada: Stuffed

Madera: Wood

Clientes: Customers

Meseros: Waiters

Contrastaban: Contrasted

Desarreglado: Disarranged

Excéntrico: Eccentric

Particulares: Special

Sería un gran gusto: It would be a great pleasure

Copas: Glasses

Vino tinto: Red wine

Descubrimiento culinario: Culinary Discovery

Queso con pasas: Cheese with raisins

Sillón: Arm chair

Arrendador: Landlord

Ventanal: Large window

Acomodar: Fit

Inesperada: Unexpected

Agonía: Agony

Breve: Brief

Como siempre: Like always

Que gusto: What a pleasure

Tareas: School assignments

Exagerando: Exaggerating

Perderemos: Will lose

Sospechas: Suspicions

Parada del autobús: Bus stop

Estacionada: Parked

Soborné: Bribed

Prestara: Lend

Sombrillas: Umbrellas

Hielera: Cooler

Concurso: Contest

Competencia: Competition
Paró: Stood
Recursos limitados: Limited resources
Desanimen: Be discouraged
Capacidad de improvisar: Ability to improvise
Sentir: Feel

Encendía: Turned on
Orgullosa: Proud
Pedazo de papel: Piece of paper
Merezca: Deserves
Votos: Votes
Paralizada: Paralysed

Preguntas de selección múltiple

Seleccione sólo una respuesta para cada pregunta

1. ¿Qué fue lo que más asombró a Peter de la ciudad de Buenos Aires?

   a) La comida

   b) La gente

   c) La cultura

   d) La arquitectura

2. ¿En dónde se hospedó Peter en Buenos Aires?

   a) Un campamento

   b) Un hostal

   c) La casa de sus amigos

   d) La escuela

3. ¿Cuántas estudiantes de la clase de Daylin viajarán a Buenos Aires?

   a) Diez

   b) Cinco

   c) Cuatro

   d) Una

4. ¿Sobre qué decide escribir Peter durante sus últimas semanas de viaje?

   a) Sus días en la selva

   b) Sobre Daylin

c) Sobre la ciudad

d) Sobre su viaje

5. ¿En cuántos días después de ser seleccionada viajará Daylin a Buenos Aires?

a) Una semana

b) Tres días

c) Dos días

d) Un mes

Soluciones del Capítulo 9:

1. c

2. c

3. b

4. c

5. c

Capítulo 10:

REENCUENTROS, SALIDAS Y LLEGADAS

En el último correo que recibí de Daylin, me decía el día y la hora exacta en que llegaba al aeropuerto de Buenos Aires y cuando lo leí, mi corazón comenzó a **palpitar** rápidamente. Pasé el día entero planeando a dónde la podría llevar de paseo, cuál sería la mejor forma de **recibirla** y hasta en qué le iba a decir. Estaba realmente nervioso.

"¿Todo bien, Peter?" me preguntó Vero mientras yo miraba **absorto** por la ventana.

"Sí, bueno, eso creo. ¿Recuerdas la chica de la que les hablé a ti y a Matías? ¿Daylin?"

"Claro, la chica que conociste en Cuba ¿verdad?"

"Sí, ella. Pues, acaba de decirme que viene a Buenos Aires".

"**¿De verdad**? Pero qué **buena noticia**, debes estar muy emocionado".

"Sí, lo estoy, sólo que también estoy confundido. Me emociona muchísimo verla, pero después se irá de nuevo, yo regreso a casa en unas semanas y tal vez nunca nos volvamos a ver".

"Eso no importa. Hace un año, ¿te imaginaste que estarías aquí en Buenos Aires en nuestra casa?"

"No, para nada".

"Ahí está. Nunca sabes lo que va a pasar, puede ser que se vuelvan a encontrar, también es posible que no, pero no dejes que eso te **impida** vivir momentos bellos".

"Tienes razón, Vero, eres una gran amiga".

La **reflexión** de Vero me dejó pensando. Tenía razón, he vivido tantas cosas que nunca había imaginado vivir y no podía dejar ahora que el miedo me paralizara.

Respondí al mensaje de Daylin y le dije que la vería en el aeropuerto. El día de su llegada compré un gran **ramo de flores** y llegué al aeropuerto media hora antes de que llegara su vuelo. Nervioso, di más de diez vueltas alrededor de la terminal, me detuve en las tiendas de souvenirs y aproveché para comprar algunos recuerdos para mi madre. Cuando menos me di cuenta, en las **pantallas** ya aparecía el vuelo de Daylin, "A tiempo".

Me acerqué y justo en ese momento la vi salir, tan linda como la recordaba, platicando y sonriendo con sus amigas.

"¡Daylin!" grité y en ese momento todas sus amigas comenzaron a reír y gritar. Daylin se acercó, pero detrás de ella caminaba una mujer que imaginé sería su profesora. Ella llegó y me abrazó, tomó las flores y me dio un **beso** en la **mejilla**, pero en ese momento su profesora intervino.

"Daylin ¿Qué es esto? Estamos aquí para estudiar, tú no me dijiste que tenías planeado ver a alguien justo cuando llegaramos a la ciudad. Es **irrespetuoso** que te alejes del grupo así".

"**Perdón**, maestra, él es mi amigo Peter".

"Hola, Peter, un placer, lo siento mucho, pero esta niña está aquí para estudiar danza. Vámonos, Daylin".

"Maestra, por favor, sólo queremos conversar un momento".

"Lo siento, Daylin, tendrá que ser otro día. Vámonos".

Daylin se acercó y me dijo, "Nos vemos mañana en la escuela de danza de la Universidad de Buenos Aires, allí estaremos y **me aseguraré** de **escapar**, aunque sea unos minutos".

Y así, mucho antes de lo que pensaba, nos separabamos de nuevo. Salí del aeropuerto **cabizbajo** y me dirigí a San Telmo, al bar dónde había estado con Matías. Pedí una copa de vino y comencé a escribir. Ahora escribiría sobre mi **corazón roto** en Buenos Aires.

Estaba perdido en mis pensamientos cuando mi teléfono celular comenzó a **timbrar,** imaginé que sería Matías, pero estaba **equivocado**.

"Hola, ¿Quién llama?"

"Hijo, soy yo, tu mamá".

"¡Mamá! Qué gusto escucharte, estoy bien, espero que todos por allá también".

"Sí, estamos todos muy bien. Justo hoy Chloe pasó de visita. Ella pensaba que regresabas a casa esta semana, pero yo la corregí y le dije que no sería hasta la semana que viene".

"¿Qué? **¿La semana que viene**?"

"Según la copia del boleto que me enviaste, sí, tienes tu vuelo de regreso a Nueva York en seis días".

"Pero qué raro, yo estaba seguro de que era el 28 de agosto".

"Debiste haberte confundido, es el 8".

"Gracias por llamarme, Mamá, estaba realmente confundido y si no me lo hubieras recordado, posiblemente hubiera perdido mi vuelo. Ahora debo prepararme para mi **pronta** partida".

"Pon más atención, Peter, te lo he dicho muchas veces. Eres muy

inteligente, pero te pierdes demasiado en tu **imaginación**".

"Lo sé, lo sé, mamá, gracias por siempre sacarme de mis **aprietos. Nos veremos pronto entonces. Saludos a papá y a Chloe."

"**Hasta pronto,** hijo, un abrazo".

No podía creer que en el mismo día que había visto y me había tenido que separar de Daylin, me había enterado de que debía regresar a casa en diez días. En ese momento sentí tantas emociones al mismo tiempo que no podía describirlas.

Partí a casa de Matías y Vero lleno de melancolía. Es impresionante lo rápido que pasa el tiempo. Sentía que había sido ayer que había salido de casa y me había perdido en las calles de Nueva York antes de tomar mi vuelo a la Ciudad de México. Ahora me debía preparar, no sólo para despedirme de Daylin, tal vez para siempre, sino también para despedirme de mis amigos y regresar de nuevo a mi vida normal. Al volver, visitaría a mis padres por una semana y después tendría que regresar a la universidad por seis largos meses más. En ese momento, no tenía idea de cómo lograría **soportar** el largo **invierno** entre las cuatro paredes de mi pequeño **dormitorio** de la universidad.

A la mañana siguiente desperté pensativo pero **decidido** a disfrutar mis últimos días de viaje al máximo. Preparé un gran desayuno para Matías y Vero y decoré la mesa con flores.

"Muchas gracias, Peter, veo que estás feliz por haber visto a tu chica, cuéntanos, ¿cómo fue?" preguntó Vero.

"Bueno, no tan bien como esperaba, pero hoy intentaré verla de nuevo. Aunque este desayuno es por ustedes, es para **agradecerles** por su **amistad** y por todo lo que hicieron por mí durante este viaje".

"Sabes que es un placer, Peter, eres nuestro amigo, hemos hecho todo con gusto".

"Muchas gracias y bueno, tengo que darles una triste noticia, la próxima semana regreso a los Estados Unidos".

"¿Por qué la próxima semana?, ¿no era en un mes?"

"Eso es lo que yo pensaba, pero me **equivoqué**, mi madre me recordó ayer. No sé qué pasó, debí haber estado muy distraído cuando compré mi boleto".

"Ay, querido Peter, tú siempre con la cabeza en otro mundo," dijo Vero.

"¡Vero! Pareces mi madre, jaja".

Después de pasar una agradable mañana con mis amigos, salí rumbo a la escuela de danza donde se encontraba Daylin. Tomé el metro y caminé con tranquilidad hasta llegar a la universidad. Daylin no me había dicho dónde estaría, lo único que sabía era que estaba en la convención de tango, así que debía ser en un gran salón de baile.

Al llegar, caminé y caminé por los pasillos de la facultad, me encontré con los salones de pintura, las salas de música y los **talleres de escultura**, pero no veía por ningún lado la escuela de danza. Seguí caminando y caminando sin perder la **esperanza** cuando de pronto me **topé** con una enorme biblioteca. Entré sin pensarlo, y sus enormes paredes repletas de libros me dieron **escalofríos**. Entonces, reflexioné que además de las personas maravillosas que había conocido durante el viaje, los libros habían sido mis más grandes amigos y pensé en mi regreso a la universidad. Iba a ser difícil pero lo más complicado vendría después... ¿qué haría después de la universidad? Tenía tanto que pensar.

En ese momento sonó mi teléfono, era Vero.

"Peter ¿Qué haces? ¿Lograste encontrar a Daylin?"

"No, estoy en la universidad y todavía no la veo por ningún lado".

"Ah, me lo imaginaba, es que acabo de pasar por el teatro mayor y vi que había una convención internacional de tango, al parecer los talleres fueron en la universidad temprano por la mañana y ahora las exhibiciones son en el teatro".

"Muchisimas gracias, Vero, ahora voy para allá".

Salí inmediatamente rumbo al teatro. Había pasado tanto tiempo en la universidad que ya comenzaba a atardecer. Al llegar, vi como Daylin iba saliendo de la puerta principal, corrí tras ella y finalmente la alcancé.

"¡Daylin, te estuve buscando por todos lados".

"Peter, lo siento mucho, no sabía que estaríamos aquí por la tarde".

"¿Ahora sí podremos salir a dar un paseo?"

"En teoría, no puedo separarme del grupo, pero tengo una idea, ¡**escóndete**!"

Me alejé de Daylin, pero pude ver como se acercaba a una de sus amigas y después a su maestra **susurrándoles** algo al **oído.** Después regresó a buscarme.

"¡Listo!"

"¿Qué pasó? ¿Cómo hiciste para poder salir?"

"Una pequeña **mentira blanca.** Le dije a mi maestra que me sentía un poco mal y que mi amiga Adela había encontrado una pequeña **farmacia** a la vuelta del teatro. Le dije que iríamos juntas a comprar una medicina y que yo regresaría al hotel más tarde".

"¡Vaya! Y ¿te **creyó?**"

"Sí, pero vamos ya que no tengo más de una hora".

Caminamos rumbo al metro y tímidamente la tomé de la mano. La llevé al barrio de Palermo, allí la hice probar las deliciosas empanadas, compartimos una botella de vino y paseamos por las estrechas calles y avenidas de la ciudad, hablando de la danza, la escuela de Daylin, la biblioteca que dejó de **funcionar**, mi viaje en la selva y las tardes que pasamos en La Habana.

"Daylin, ¿crees que algún día nos volvamos a ver?"

"Claro que sí, ahora nos vimos aquí, esa es una señal del destino".

Sonreí y la abracé. Después la llevé a ver a los músicos de la plaza principal y ella me invitó a bailar tango frente a ellos.

"Pero, yo no sé bailar tango, Daylin".

"Tampoco sabías bailar salsa y aprendiste. Seguro tango también puedes aprender".

Bailamos unos minutos y por segunda vez volví a pisar su pie. Estaba muy apenado, pero ella sólo sonrió y dijo:

"Bueno, dejémoslo para otra ocasión".

El tiempo pasó volando y llegó el momento de acompañarla de regreso al hotel con el resto de sus compañeras. Nos despedimos con un largo abrazo y acordamos volvernos a ver al día siguiente en el mismo lugar.

Pero el día siguiente llegó y no la encontré por ningún lado. Fui a la universidad por la mañana, a la plaza de Palermo y al teatro mayor y ella no estaba. Me senté en los **escalones**, pensativo, cuando una chica se acercó y me tocó la espalda.

"Hola, eres Peter ¿verdad? Yo soy Adela, la amiga de Daylin, me pidió que te diera esto," dijo entregándome un papel.

"Pero ¿dónde está ella?"

"Lo siento, me tengo que ir," dijo mientras se alejaba.

Abrí el papel y leí: "Querido Peter, mi maestra descubrió que mentí ayer y ahora estoy **castigada.** No sé si podré verte más, lo siento. **Espero que sigamos en contacto. Te quiere,** Daylin".

Tomé el papel y lo guardé en mi bolsa, fui a casa y dormí, sintiéndome infinitamente triste.

Pasé mis últimos días en Buenos Aires escribiendo sobre mi **corazón roto,** sobre mi nueva ciudad favorita y sobre mis amigos. Matías y Vero hicieron una gran cena para mi despedida en un hermoso **parque,** estuvo llena de música y amigos. Vero me regaló una hermosa pulsera y Matías una de sus pinturas y con esos recuerdos bajo el brazo, regresé a mi país.

Esta vez mis padres fueron por mí hasta el aeropuerto en la ciudad de Nueva York, y Chloe estaba con ellos. Estaba muy feliz de verlos, les conté sobre mis mas grandes aventuras, sobre mis nuevos amigos y todo lo que aprendí, ellos estaban fascinados y me dijeron que deseaban un día hacer un viaje tan increíble junto a mí.

El llegar a casa me dejó un sabor **agridulce,** el confort del hogar se mezclaba con la melancolía y el cansancio, pero me sentía afortunado por tan grandes enseñanzas, tan grandes amigos y tanto crecimiento. Finalmente, me sentía listo para regresar a la universidad. Continué en contacto con Pierre, quien ahora tiene una banda increíble en Francia, con Kristen, quien se quedó por tiempo indefinido viviendo en Martinica, y claro, con Matías y Vero quienes tenían planes de viajar a Nueva York en un año, viaje al que yo por supuesto los acompañaría. También con Daylin, quien me contó que había dejado la escuela de enfermería para dedicarse a la danza y estaba muy feliz. Vivía con todos ellos siempre en mis recuerdos.

Mi último semestre en la universidad fue largo pero **productivo**. Era increíble como mi viaje había cambiado mi visión de las cosas, ahora sentía que aprendía más y mejor. Tras mi graduación, hablé con mi **asesor,** le conté sobre mi viaje y mis deseos de escribir, él me recomendó realizar un posgrado, me felicitó por haber mejorado tanto mi español y claro, me dio una calificación de excelencia.

Después de graduarme, regresé de nuevo a casa de mis padres a descansar y pensar en mi futuro y una mañana recibí un correo electrónico de mi profesor que decía:

"Recomendaciones para posgrado en literatura latinoamericana: Universidad de La Habana, Universidad de Buenos Aires y Universidad Autónoma de México".

¿Sería esta una señal?

Anexo del Capítulo 10:

Resumen:

Peter se prepara para recibir a Daylin en Buenos Aires, compra un ramo de flores y va a esperarla al aeropuerto, pero allí sucede algo que no esperaban: la maestra de Daylin se molesta porque la joven se separa de su grupo y no permite que ella y Peter puedan hablar. Acordaron verse al día siguiente, y Peter, triste, decide irse a escribir al bar del barrio de Palermo donde recibe una llamada de su madre quien le recuerda que su vuelo de regreso a Estados Unidos es en sólo una semana y no en tres como él pensaba. Peter se sorprende de su equivocación, pero comienza a planear su regreso. Peter le da la noticia de su partida a sus amigos Matías y Vero y prepara un gran desayuno para ellos. Después sale a buscar a Daylin, busca por toda la universidad sin encontrarla, entra a una biblioteca y comienza a pensar sobre su futuro. Vero, quien se entera de que la convención de danza sería en el teatro de la ciudad, le llama y le da las instrucciones correctas, él va rápidamente hacia allá y encuentra a Daylin quien tiene que mentir a su maestra de baile para poder salir con él. Peter lleva a Daylin a comer, bailan y pasean tomados de la mano y acuerdan verse el día siguiente. Peter busca a Daylin a la mañana siguiente pero no la encuentra por ningún lado, entonces su amiga Adela le lleva una nota de Daylin en la que dice que no podrá verlo más porque su mentira del día anterior fue descubierta por su maestra. Peter acepta que no la verá más, pero se despide con alegría de la ciudad gracias a sus amigos. A su regreso a los Estados Unidos, visita la casa de sus padres por una semana y regresa a terminar su último semestre en la universidad. Comienza a hacer planes para hacer un posgrado, esta vez en literatura, y entonces su asesor de la universidad le propone una serie de opciones entre las que se encuentran la Universidad de La Habana y la Universidad de Buenos Aires.

Summary:

Peter prepares to welcome Daylin in Buenos Aires. He buys a bouquet of flowers and goes to wait for her in the airport, where something they were not expecting happens. Daylin's teacher gets upset because the young girl separates from the group and forbids her and Peter to talk. They agree to meet the following day. Peter decides to go to Palermo to write. There he receives a call from his mother who reminds him that his flight back to the US is in just one week and not three like he thought. Peter is surprised by his mistake but starts planning his anticipated return home. Peter gives the news of his farewell to his friends Matias and Vero and prepares a big breakfast for them, then he goes looking for Daylin. He searches all over the university without finding her. Then he goes into a library and starts thinking about his future. Vero, who finds out that the dance convention is in the city theater, calls him and gives him the right directions. He quickly goes there and meets Daylin who has to lie to her dance teacher to be able to go out with him. Peter takes Daylin to Palermo where they dance and stroll hand-in-hand and agree to meet up the following day. Peter goes to meet up with Daylin the following morning but he doesn't find her anywhere. Then her friend Adela gives Peter a note from Daylin where she says she won't be able to see him any longer because her teacher found out about her lie. Peter is sad and accepts that he won't see her again, and says goodbye to the city with joyful thanks to his friends. When he gets back to the United States, he visits his parents' home for a week and then goes back to finish his last semester at university. He starts making plans to start graduate school, this time in literature. Then his university tutor proposes a series of options for his master's in which he mentions the Universities of Havana and Buenos Aires.

Vocabulary

Palpitar: Beat
Recibirla: To welcome her
Absorto: Absorbed
¿De verdad?: Really?
Buena noticia: Good news
Impida: Prevent
Reflexión: Advice
Ramo de flores: Bouquet
Pantallas: Screens
Beso: Kiss
Mejilla: Cheek
Irrespetuoso: Disrespectful
Perdón: Sorry
Me aseguraré: I will make sure
Escapar: Escape
Cabizbajo: Crestfallen
Corazón roto: Broken heart
Timbrar: Ring
Equivocado: Mistaken
La semana que viene: Next week
Pronta: Immediate
Inteligente: Smart
Imaginación: Imagination
Aprietos: Troubles
Hasta pronto: See you soon
Soportar: To bear
Invierno: Winter

Dormitorio: Dorm
Decidido: Determined
Agradecerles: To thank you
Amistad: Friendship
Equivoqué: I was wrong
Talleres de escultura: Sculpture workshops
Esperanza: Hope
Escalofríos: Goosebumps
Topé: Ran into
Escóndete: Hide!
Susurrándoles: Whispering
Oído: Eat
Mentira Blanca: White Lie
Farmacia: Pharmacy
Creyó: Believed
Funcionar: Working
Escalones: Steps
Castigada: Grounded
Espero que sigamos en contacto: I hope we keep in touch
Te quiere: Love
Infinitamente: Infinitely
Roto: Broken
Parque: Park
Agridulce: Bittersweet
Productivo: Productive
Asesor: Tutor

Preguntas de selección múltiple

Seleccione sólo una respuesta para cada pregunta

1. ¿Quién impidió que Peter pudiera hablar con Daylin en el aeropuerto?

   a) Adela

   b) Su madre

   c) Su maestra

   d) Matías

2. ¿Dónde pudo finalmente encontrarse Peter con Daylin?

   a) La escuela de arte

   b) El teatro

   c) La casa de sus amigos

   d) La calle

3. ¿Qué prepara Peter para agradecer a sus amigos en Argentina?

   a) Comida

   b) Un libro

   c) Una carta

   d) Un regalo

4. ¿Qué hace Peter al regresar a Estados Unidos?

   a) Estudiar

   b) Trabajar

   c) Descansar

   d) Vacacionar

5. ¿Qué planea hacer Peter tras terminar la universidad?

   a) Ser escritor

b) Hacer un posgrado

c) Casarse

d) Vivir en casa de sus padres

Soluciones del Capítulo 10:

1. b

2. b

3. a

4. a

5. b

FREE SPANISH VIDEO COURSE

LEARN OVER 200 USEFUL WORDS
AND PHRASES IN SPANISH

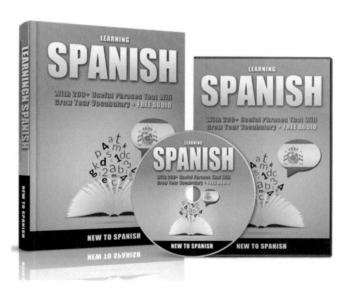

We've made this video course free, with you as learner in mind.

You will learn how to say and pronounce over
200 useful phrases in Spanish.

Get it while it's available at

www.LingoMastery.com/freespanish

MORE FROM LINGO MASTERY

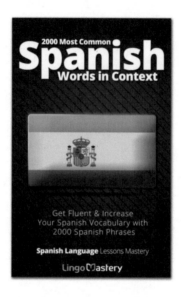

Have you been trying to learn Spanish and simply can't find the way to expand your vocabulary?

Do your teachers recommend you boring textbooks and complicated stories that you don't really understand?

Are you looking for a way to learn the language quicker without taking shortcuts?

If you answered *"Yes!"* to at least one of those previous questions, then this book is for you! We've compiled the **2000 Most Common Words in Spanish,** a list of terms that will expand your vocabulary to levels previously unseen.

Did you know that — according to an important study — learning the top two thousand (2000) most frequently used words will enable you to understand up to **84%** of all non-fiction and **86.1%** of fiction literature and **92.7%** of oral speech? Those are *amazing* stats, and this book will take you even further than those numbers!

In this book:

- A detailed introduction with tips and tricks on how to improve your learning

- A list of **2000** of the most common words in Spanish and their translations

- An example sentence for each word – in both Spanish *and* English

- Finally, a conclusion to make sure you've learned and supply you with a final list of tips

Don't look any further, we've got what you need right here!

In fact, we're ready to turn you into a Spanish speaker...

...are you ready to get involved in becoming one?

Do you know what the hardest thing for a Spanish learner is?

Finding PROPER reading material that they can handle...which is precisely the reason we've written this book!

Teachers love giving out tough, expert-level literature to their students, books that present many new problems to the reader and force them to search for words in a dictionary every five minutes — it's not entertaining, useful or motivating for the student at all, and many soon give up on learning at all!

In this book we have compiled 20 easy-to-read, compelling and fun stories that will allow you to expand your vocabulary and give you the tools to improve your grasp of the wonderful Spanish tongue.

How Spanish Short Stories for Beginners works:

- Each story will involve an important lesson of the tools in the Spanish language (Verbs, Adjectives, Past Tense, Giving Directions, and more), involving an interesting and entertaining story with realistic dialogues and day-to-day situations.

- The summaries follow: a synopsis in Spanish and in English of what you just read, both to review the lesson and for you to see if you understood what the tale was about.

- At the end of those summaries, you'll be provided with a list of the most relevant vocabulary involved in the lesson, as well as slang and sayings that you may not have understood at first glance!

- Finally, you'll be provided with a set of tricky questions in Spanish, providing you with the chance to prove that you learned something in the story. Don't worry if you don't know the answer to any — we will provide them immediately after, but no cheating!

We want you to feel comfortable while learning the tongue; after all, no language should be a barrier for you to travel around the world and expand your social circles!

So look no further! Pick up your copy of **Spanish Short Stories for Beginners** and improve your Spanish right now!

CONCLUSION

Hello again, reader!

We hope you've enjoyed our stories and the way we've presented them. Each chapter, as you will have noticed, was a way to practice a language tool which you will regularly use when speaking Spanish. Whether it's verbs, pronouns or simple conversations, the Castilian tongue has a great essence of grammar which can be just as challenging to learn as it can be entertaining.

Never forget: learning a language doesn't *have* to be a boring activity if you find the proper way to do it. Hopefully we've provided you with a hands-on fun way to expand your knowledge in Spanish and you can apply your lessons to future ventures.

Feel free to use this book in the future when you need to go back and review vocabulary and expressions— in fact, we encourage it.

P.S. Don't forget to join our **free 5-Day Spanish Masterclass** over at

LingoMastery.com/SpanishMasterclass

Made in the USA
Thornton, CO
12/21/23 07:00:25

9de81424-7bba-4ae9-ac08-0d160722978cR01